Inhalt

Bau und Funktion des menschlichen Körpers

Vielfalt der Blütenpflanzen

Zu dieser Mappe

Die vorliegenden Kopiervorlagen bieten sich für eine schnelle Unterrichtsvorbereitung an: Sie ermöglichen eine schnelle Auswahl der Lehrplanthemen und sind ohne lange Vorbereitungszeit einsetzbar. Zu jedem Themenaspekt gibt es eine **Einstieg** und **drei Arbeitsblätter mit je einer Differenzierungsstufe**. Für eine **selbstständige Lösungskontrolle** durch die Schüler werden im hinteren Teil der Mappe alle Arbeitsblätter mit Lösungseinträgen bereitgestellt. Sie können die Schüler entweder selbst wählen lassen, welche Differenzierungsstufe sie bearbeiten möchten oder Sie geben je nach Leistungsstand individuell vor, welche Aufgaben gelöst werden sollen.

 Einstiegsseite

 Niveaustufe 1 (leicht)

 Niveaustufe 2 (mittel)

 Niveaustufe 3 (schwer)

Beweglich durch Gelenke und Muskeln – Einstieg

Die Knochen unseres Körpers sind durch Gelenke verbunden, dadurch ist unser Skelett beweglich. Damit sich unser Körper aber so bewegen kann, wie wir es kennen, benötigen wir Muskeln und Sehnen.

Gelenkarten

Es gibt verschiedene Gelenkarten, die unterschiedliche Bewegungen ermöglichen.

Kugelgelenk

Hüfte

Scharniergelenk

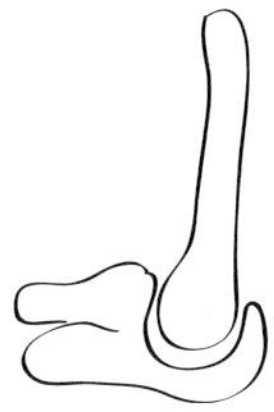

Ellenbogen

Drehgelenk

Halswirbel

Sattelgelenk

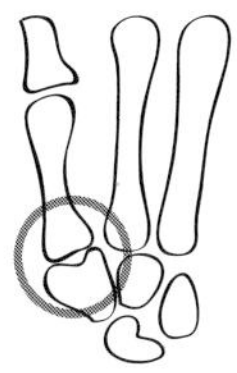

Daumen

Aufbau eines Gelenkes

Die Enden der **Knochen**, die ein Gelenk bilden, sind mit **Gelenkknorpel** überzogen und von **Gelenkschmiere** umgeben. Dies verhindert, dass die beiden Knochenende aufeinander reiben. Umschlossen wir das Gelenk von der schützenden **Gelenkkapsel** aus zäher Haut.

1 **Beschrifte die Abbildung mit den fettgedruckten Wörtern aus dem Text.**

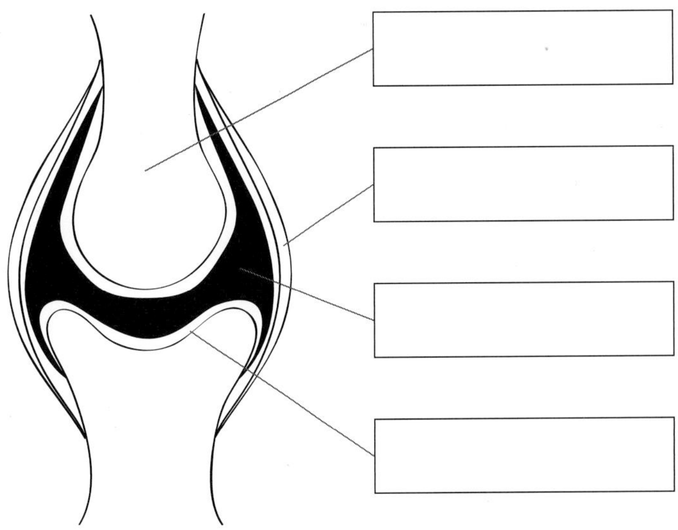

Muskeln und Sehnen

Die äußere Schicht des Muskels ist die **Muskelhaut**. Im Inneren des Muskels befinden sich mehrere **Muskelfaserbündel**. Diese bestehen wiederum aus vielen einzelnen **Muskelfasern**. **Sehnen** verbinden den Muskeln mit den **Knochen**.

2 **Beschrifte die Abbildung mit den fettgedruckten Wörtern aus dem Text.**

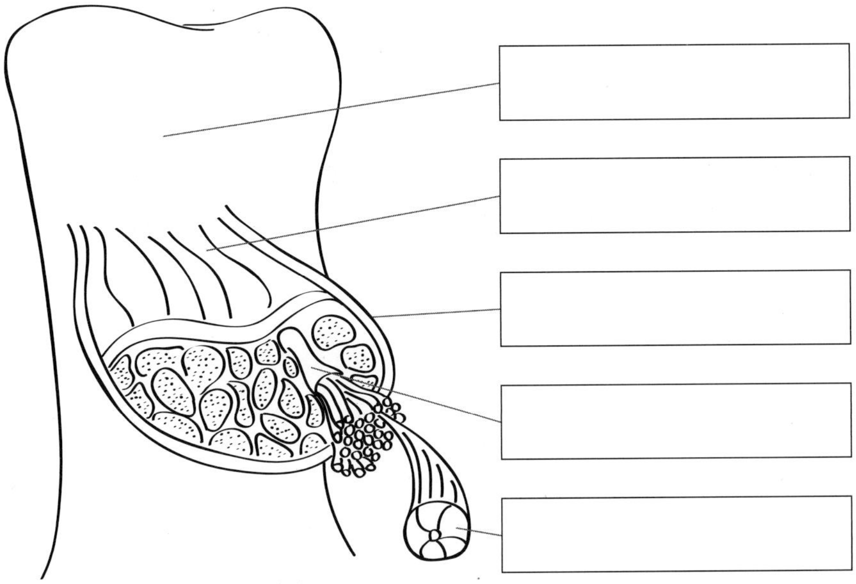

Beweglich durch Gelenke und Muskeln I

1 **a) Schreibe die vier Gelenkarten auf.**

1. ______________________
2. ______________________
3. ______________________
4. ______________________

b) Schreibe über jedes Bild die passende Gelenkart.

______ ______ ______ ______

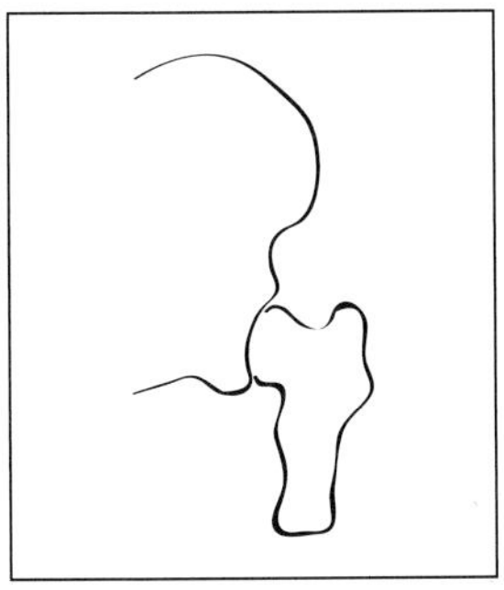
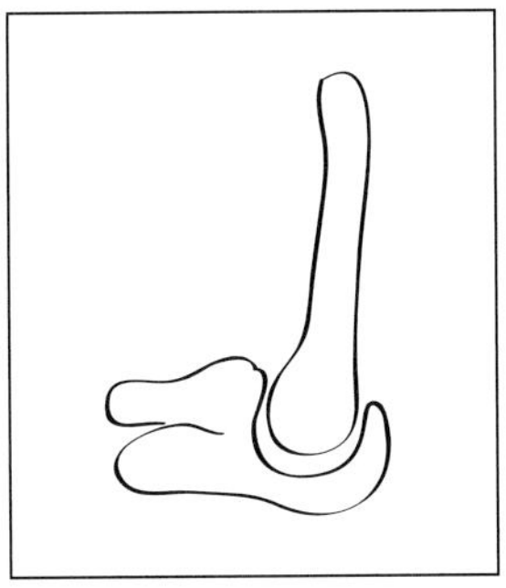
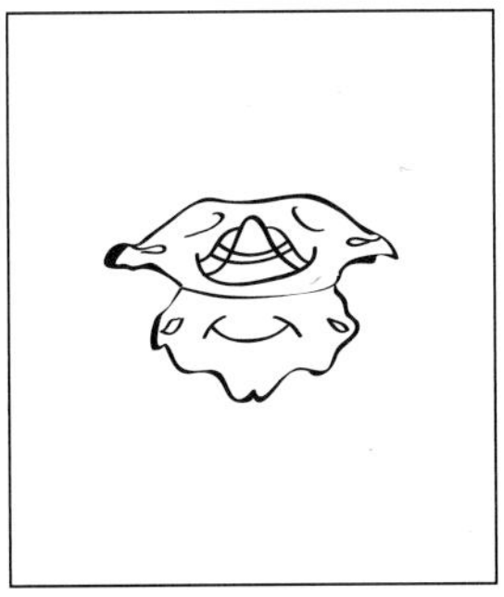
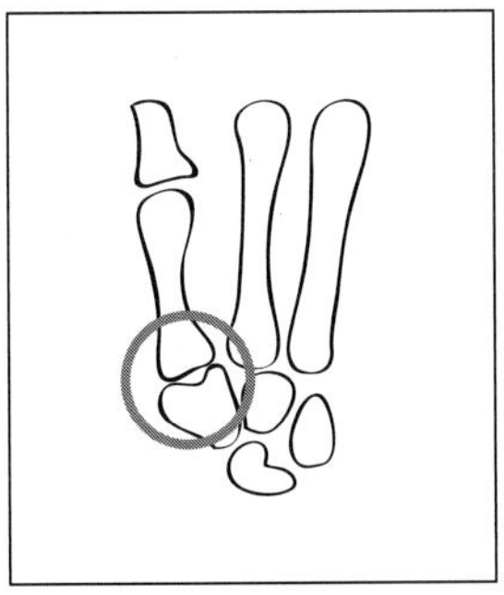

2 **Schreibe drei Körperstellen auf, an denen du deine Muskeln spüren kannst.**

1. ______________________
2. ______________________
3. ______________________

3 **Kreuze an, ob die Aussage richtig oder falsch ist.**

Aussage	richtig	falsch
Sehnen verbinden Muskeln und Knochen miteinander.		
Die innere Schicht eines Muskels ist die Muskelhaut.		
Im Muskelinneren befinden sich Muskelfaserpakete.		
Viele Muskelfasern bilden ein Muskelfaserbündel.		
Muskeln lassen sich trainieren und somit stärken.		
Muskeln sind für die Bewegung des Menschen unwichtig.		

Beweglich durch Gelenke und Muskeln II

1 a) Ordne den Bildern die passende Gelenkart zu und schreibe sie über das Bild.
b) Schreibe den Namen des Gelenkes unter das Bild (Halswirbelgelenk, Hüftgelenk, Daumengelenk, Kniegelenk).

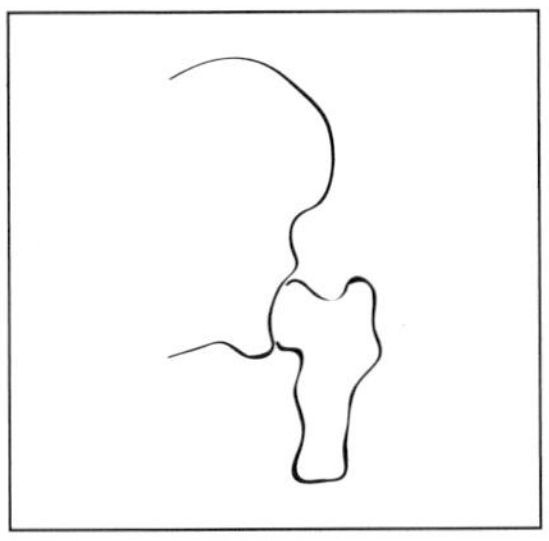
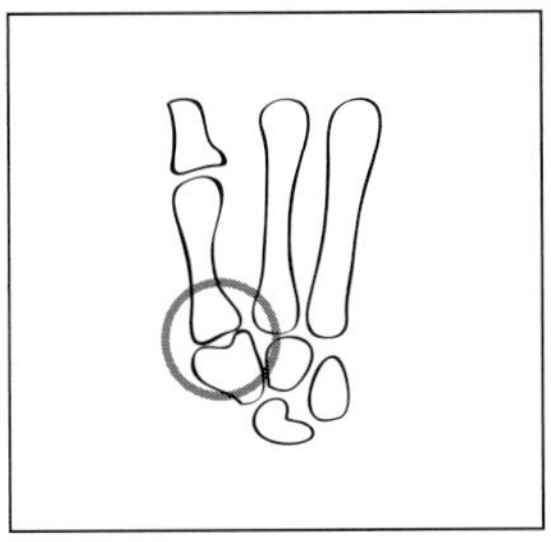
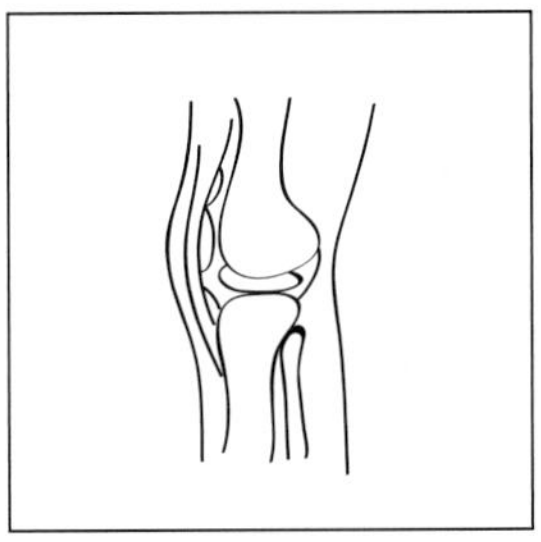

2 a) Zeichne in den schwarzen Rahmen das Schema eines Gelenkes.
b) Beschrifte deine Zeichnung mit den Begriffen aus dem Kasten und male sie entsprechend aus.

Knochen (grau) – Gelenkknorpel (grün) – Gelenkkapsel (rot) – Gelenkschmiere (blau)

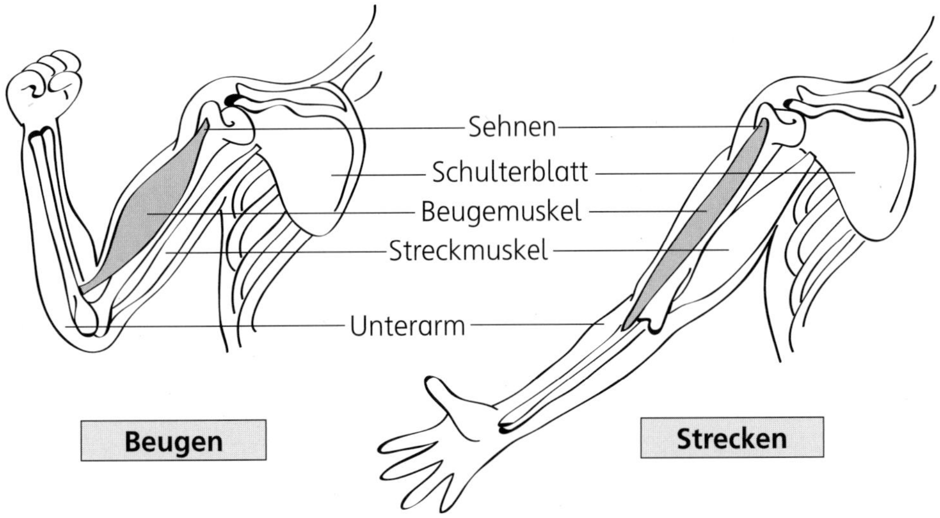

3 Umfasse deinen Oberarm. Winkle den Unterarm an und strecke ihn wieder. Schreibe auf, was du in deinem Oberarm spürst.

Beweglich durch Gelenke und Muskeln III

1 **Ordne den Körperstellen die passende Gelenkart zu.**

Daumen – ______________________ Halswirbel – ______________________

Schulter – ______________________ Hüfte – ______________________

Knie – ______________________ Ellenbogen – ______________________

2 **Zwischen den Gelenkknorpeln befindet sich die Gelenkschmiere. Erkläre ihre Funktion.**

____

____

____

3 **Zwei Muskeln arbeiten immer zusammen, der Beugemuskel und der Streckmuskel. Sieh dir die Zeichnung an und beschreibe, wie sich die Muskeln beim Beugen und Strecken des Armes verändern.**

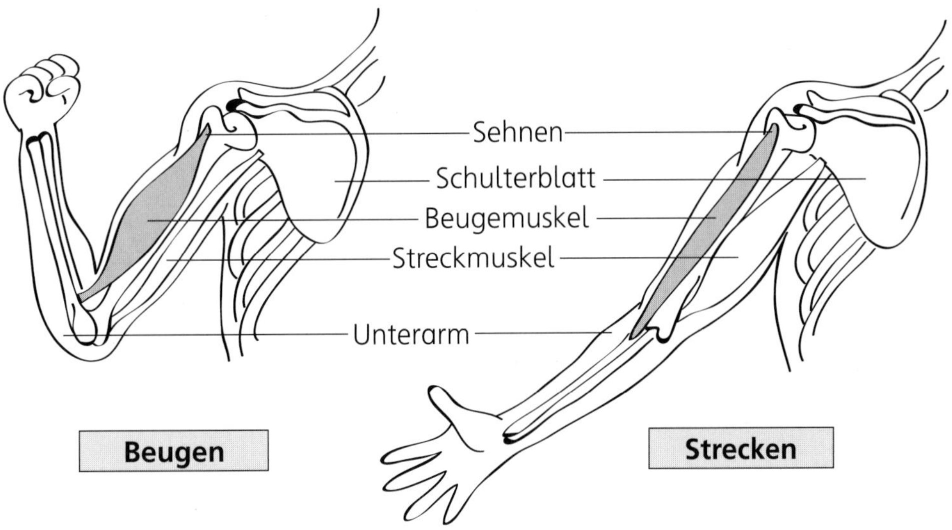

____

____

____

____

____

____

Haltungsschäden vermeiden – Einstieg

Erwachsene sagen oft: „Lauf nicht so krumm!" oder „Setz dich gerade hin!"
Warum hört man diese Aussagen so häufig?
Die Hauptstütze unseres Skeletts ist die Wirbelsäule. Sie ist doppelt s-förmig gebogen und kann dadurch Stöße gut abfedern. Sie besteht aus 34 Wirbeln, von denen fünf Kreuzbeinwirbel und fünf Steißbeinwirbel jeweils miteinander verschmolzen und damit unbeweglich sind.

1 **Male die einzelnen Abschnitte der Wirbelsäule unterschiedlich aus und ergänze durch Zählen die Anzahl der Wirbel. Trage die Zahlen in die Kästchen ein.**

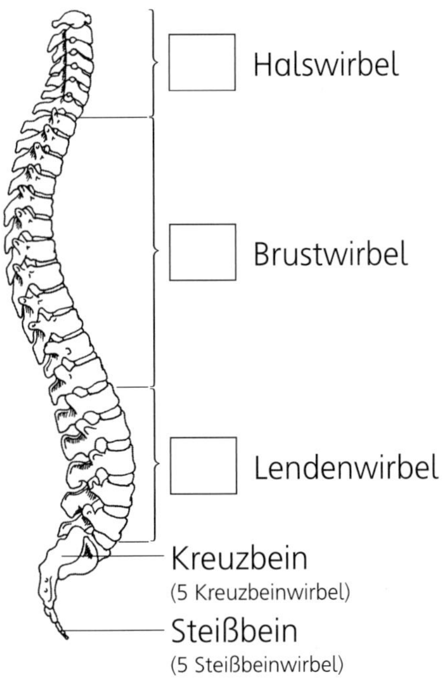

Die einzelnen Wirbel bestehen aus dem Wirbelkörper und dem Dornfortsatz. Zwischen den Wirbeln liegen die Bandscheiben. Diese sind elastische Knorpelscheiben, die als „Stoßdämpfer" zwischen den Wirbelkörpern liegen. Wenn du über deine Wirbelsäule streichst, spürst du die Dornfortsätze der Wirbel.
Innerhalb der Wirbelsäule verläuft das Rückenmark. Es leitet Informationen vom Gehirn an den Körper und umgekehrt.

2 **Male die Wirbel blau, die Bandscheiben rot und das Rückenmark gelb aus.**

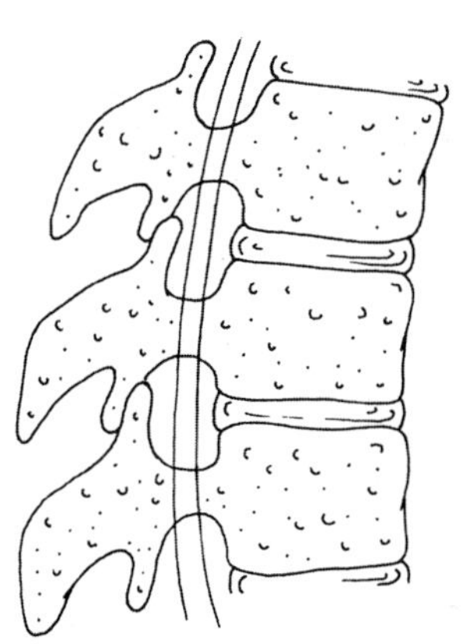

Die Wirbelsäule wird mithilfe der Rückenmuskulatur aufrecht gehalten. Sitzt man häufig krumm oder trägt oft zu schwer entstehen Haltungsschäden, die sehr schmerzhaft sein können.

Haltungsschäden vermeiden I

1 Ergänze die Lücken mit den richtigen Begriffen aus dem Kasten.

Haltungsschäden – s-förmig – Rückenmark – Lendenwirbeln – Steißbein – 12 – Halswirbeln – 34 – Bandscheiben

Die menschliche Wirbelsäule besteht aus _______ Wirbeln und ist doppelt ____________ gebogen. Die einzelnen Abschnitte der Wirbelsäule bestehen aus 7 ______________, _______ Brustwirbeln, 5 __________________, dem Kreuzbein und dem ____________.

Zwischen den Wirbelkörpern liegen die _________________ als Stoßdämpfer.

Das ________________ leitet Informationen vom Gehirn an den Körper und umgekehrt.

Krummes Sitzen und falschen Tragen schwerer Gegenstände führen zu

____________________.

2 a) Streiche die ungesunde Haltung durch und male die gesunde Haltung bunt aus.

b) Notiere drei Tipps, um Haltungsschäden zu vermeiden.

____

____

____

____

____

Haltungsschäden vermeiden II

1 **Ergänze die Lücken mit den richtigen Begriffen.**

Die menschliche Wirbelsäule besteht aus _______ Wirbeln und ist doppelt ____________ gebogen. Die einzelnen Abschnitte der Wirbelsäule bestehen aus 7 _______________, _______ Brustwirbeln, 5 __________________, dem Kreuzbein und dem ____________.

Zwischen den Wirbelkörpern liegen die _________________ als Stoßdämpfer.

Das ________________ leitet Informationen vom Gehirn an den Körper und umgekehrt.

Krummes Sitzen und falschen Tragen schwerer Gegenstände führen zu

____________________.

2 **Betrachte die Zeichnungen und begründe in den abgebildeten Situationen, welche die falsche und ungesunde und welche die richtige und gesunde Haltung ist.**

richtig: ______________________________

____

falsch: ______________________________

____

richtig: ______________________________

____

falsch: ______________________________

____

richtig: ______________________________

____

falsch: ______________________________

____

3 **Notiere drei Tipps, um Haltungsschäden zu vermeiden.**

____

____

____

Haltungsschäden vermeiden III

1 **Ergänze die Lücken mit den richtigen Begriffen.**

Die menschliche Wirbelsäule besteht aus ________ Wirbeln und ist doppelt ______________ gebogen. Die einzelnen Abschnitte der Wirbelsäule bestehen aus 7 ________________, _______ Brustwirbeln, 5 ____________________, dem Kreuzbein und dem _______________.

Zwischen den Wirbelkörpern liegen die ____________________ als Stoßdämpfer.

Das __________________ leitet Informationen vom Gehirn an den Körper und umgekehrt.

Krummes Sitzen und falschen Tragen schwerer Gegenstände führen zu ________________________.

2 **Auf den Abbildungen kannst du die häufigsten Verformungen der Wirbelsäule erkennen.**

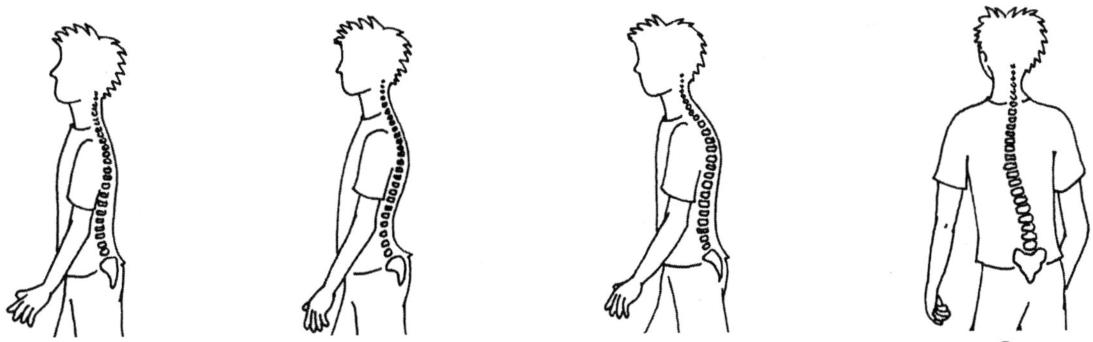
① **normale Haltung** ② **Hohlkreuz** ③ **Rundrücken** ④ **seitliche Verkrümmung**

a) **Beschreibe die Haltungsschäden.**

____

____

____

____

____

b) **Vermute, was bei den beschriebenen Haltungsschäden mit den Bandscheiben passieren kann.**

____

____

____

____

____

Der menschliche Körper – Einstieg

1 **a) Beschrifte die Abbildung mit den Begriffen aus dem Kasten.**

Kopf – Zwerchfell – Auge – Hals – Magen – Zunge – Oberschenkel – Gehirn – Fuß – Oberarm – Lunge – Herz – Ohr – Unterschenkel – Darm – Unterarm – Nase – Leber – Hand

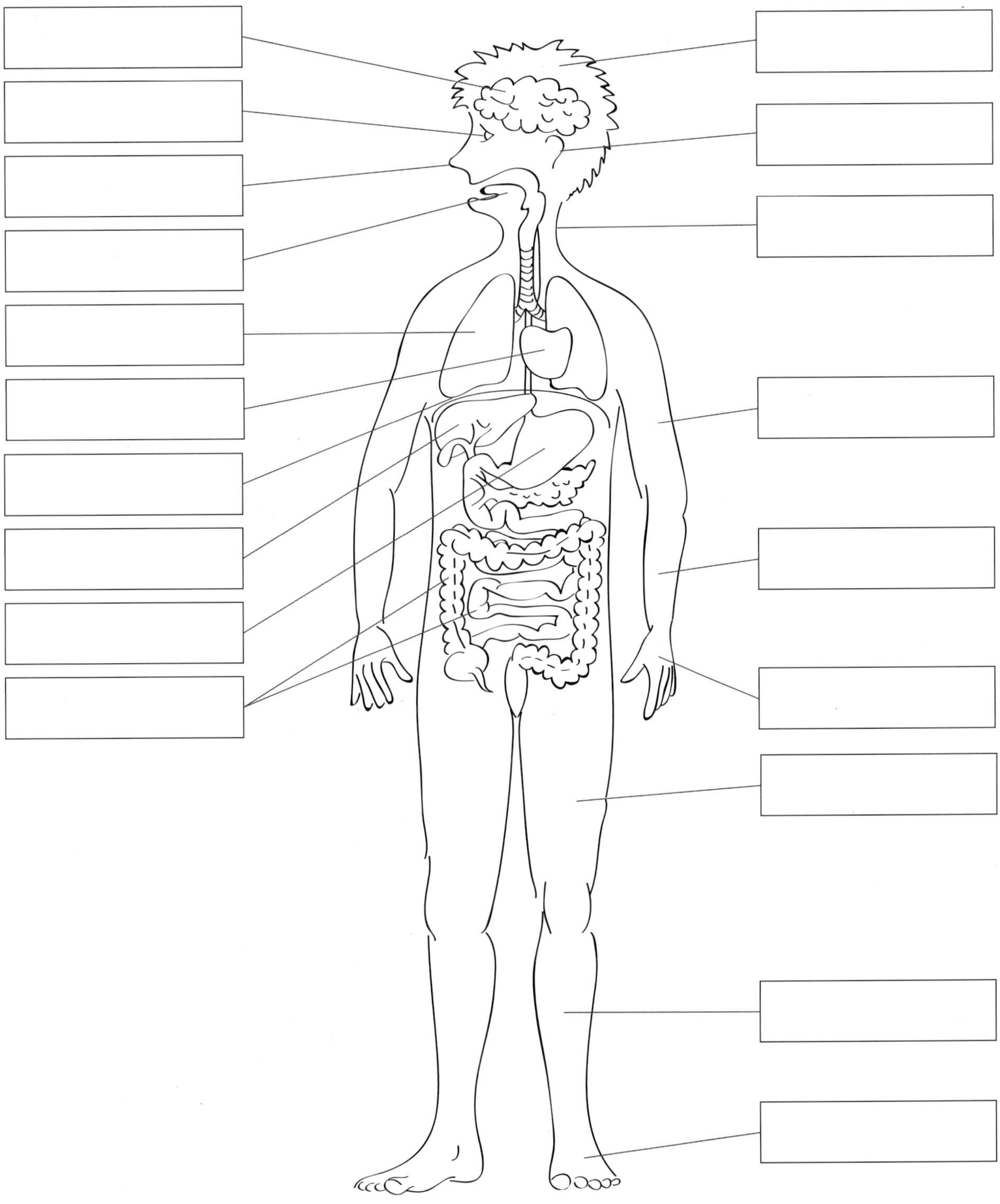

b) Der menschliche Körper gliedert sich in drei Bereiche. Kreise die Abschnitte folgendermaßen ein:

Kopf – blau; Rumpf – rot: Gliedmaßen – grün

Der menschliche Körper I

1 **Fülle den Lückentext aus.**

Herz – Hals – Kopf – Leber – Ohren – Gliedmaßen – Augen – Bauchraum – Darm – Nase – Lunge – Zunge – Magen – Brustraum

Der menschliche Körper

Der menschliche Körper gliedert sich in drei Teile: Kopf, Rumpf und Gliedmaßen.

Im ________ befinden sich die wichtigsten Sinnesorgane. Hierzu zählen __________, __________, __________ und die __________. Ebenso befindet sich hier auch das Gehirn, welches das Nervensystem steuert. Der ________ verbindet den Kopf mit dem Rumpf. Im Rumpf befinden sich die inneren Organe. Durch das Zwerchfell erfolgt eine Trennung in ______________ und ______________. Im Brustraum befinden sich ________ und ________. Im Bauchraum liegen der _________, die _________ und der __________. Arme und Beine sind unsere ______________. Sie sind mit dem Rumpf beweglich verbunden.

2 a) **Schreibe die <u>zwei</u> Organe auf, die sich im Brustraum befinden.**

____

b) **Schreibe die <u>drei</u> Organe auf, die sich im Bauchraum befinden.**

____

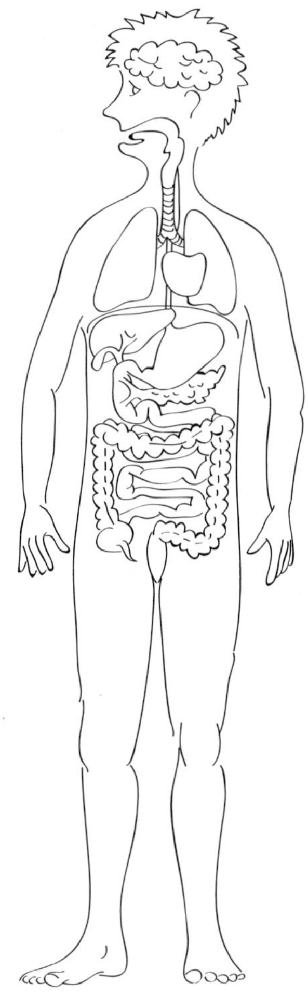

3 a) **Schreibe auf, in welche <u>drei</u> Teile sich Arme gliedern.**

____

____

b) **Schreibe auf, in welche <u>drei</u> Teile sich Beine gliedern.**

____

____

Der menschliche Körper II

1 **Fülle den Lückentext aus.**

Herz – Hals – Kopf – Leber – Ohren – Gliedmaßen – Augen – Bauchraum – Darm – Nase – Lunge – Zunge – Magen – Brustraum

Der menschliche Körper

Der menschliche Körper gliedert sich in drei Teile: Kopf, Rumpf und Gliedmaßen.

Im __________ befinden sich die wichtigsten Sinnesorgane. Hierzu zählen __________, __________, __________ und die __________. Ebenso befindet sich hier auch das Gehirn, das das Nervensystem steuert. Der __________ verbindet den Kopf mit dem Rumpf. Im Rumpf befinden sich die inneren Organe. Durch das Zwerchfell erfolgt eine Trennung in ______________ und ______________. Im Brustraum befinden sich __________ und __________. Im Bauchraum liegen der __________, die __________ und der __________. Arme und Beine sind unsere ______________. Sie sind mit dem Rumpf beweglich verbunden.

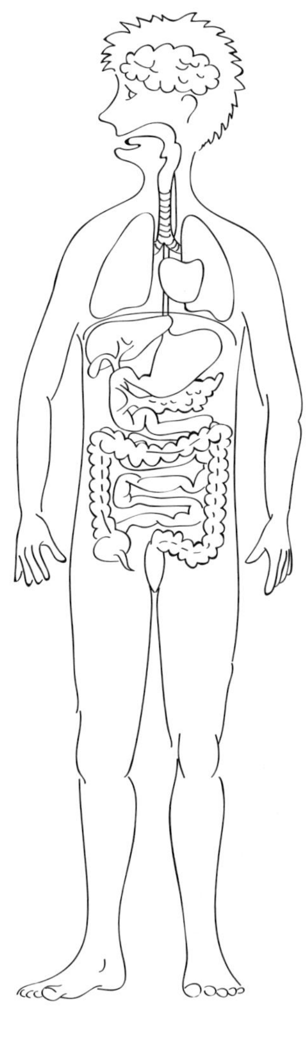

2 **Welche Organe befinden sich im Brustraum und welche im Bauchraum?**

____

____

____

3 **In welche Teile gliedern sich Arme und Beine?**

____

____

____

Der menschliche Körper III

1 **Nenne die drei Bereiche aus denen der Körper äußerlich besteht und ordne ihnen Organe und Körperteile zu.**

2 **a) Nenne Organe, die im Hals liegen.**

b) Schreibe die Funktion des Halses auf.

3 **a) Schreibe die Sinnesorgane auf und ordne ihnen die passenden Sinne aus dem Kasten zu.**

Geschmackssinn, Gehörsinn, Geruchssinn, Gesichtssinn

b) Notiere das noch fehlende Sinnesorgan und den dazugehörenden Sinn.

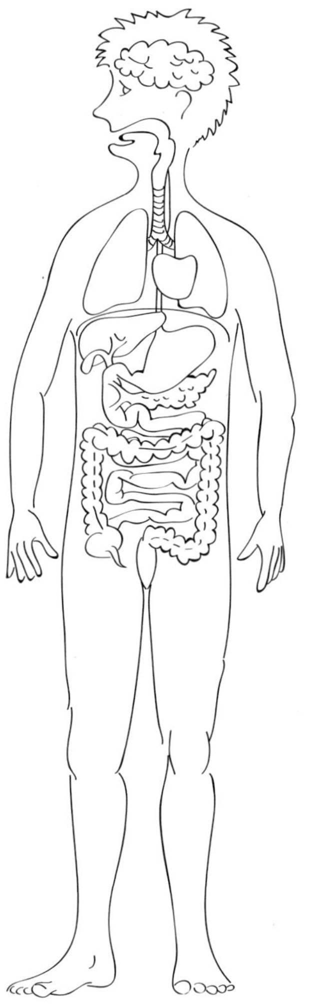

Die Nährstoffe der Nahrungsmittel – Einstieg

Nahrungsmittel dienen der menschlichen Ernährung. Sie enthalten die drei Nährstoffe Kohlenhydrate, Eiweiße und Fette. Auch Wasser, Vitamine und Mineralstoffe kommen in den Nahrungsmitteln vor.

Die Nährstoffe sind in unterschiedlicher Höhe in den Nahrungsmitteln enthalten und werden wie folgt eingeteilt:

Nährstoffe

- **Kohlenhydrate**: Zucker, Stärke
- **Eiweiße**: tierische, pflanzliche
- **Fette**: tierische, pflanzliche

Zucker	Stärke	tierische	pflanzliche	tierische	pflanzliche
Limonade	Kartoffeln	Fleisch	Soja	Speck	Olivenöl
Kuchen	Brot	Fisch	Bohnen	Butter	Sonnen-blumenöl
Schokolade	Reis	Eier	Erbsen	Schmalz	Nüsse
Weintrauben	Nudeln	Milch			

1 **Fülle die Lücken mit Hilfe des obenstehenden Bildes aus.**

__________________ dienen dir als Energielieferanten. Sie werden in __________haltige und __________haltige eingeteilt. __________ ist in Lebensmitteln enthalten, die süß schmecken. Zu ihm zählen Traubenzucker, Fruchtzucker und der Haushaltszucker.

__________ befindet sich in Getreideprodukten und Kartoffeln.

Eiweiße werden in ____________ und ______________ eingeteilt. Produkte vom ________ (Fleisch, Milch und Eier) und Produkte von ____________ (Soja und Erbsen) versorgen dich mit wichtigen Eiweißen. Alle menschlichen Zellen enthalten Eiweiß. Kinder haben einen höheren Eiweißbedarf als Erwachsene, weil sie noch wachsen.

_________ werden, wie die Eiweiße, in tierische und pflanzliche unterteilt. _____________ Fett ist in Speck und Butter enthalten. Oliven- und Sonnenblumenöl sowie Nüsse enthalten ausschließlich _______________ Fett.

Kohlenhydrate und Fette geben dir Energie damit du denken, spielen und dich bewegen kannst. Doch Vorsicht: Fette liefern doppelt so viel Energie wie Kohlenhydrate. Aus diesem Grund solltest du mit fetthaltigen Nahrungsmitteln sparsam umgehen.
Überschüssige Fette werden als Fettpolster unter der Haut abgelagert und überschüssige Kohlenhydrate werden in Fette umgewandelt.

Die Nährstoffe der Nahrungsmittel I

1 **Kreise die Lebensmittel wie folgt ein:**

Kohlenhydrathaltige – rot
Eiweißhaltige – gelb
Fetthaltige – grün

Kuchen

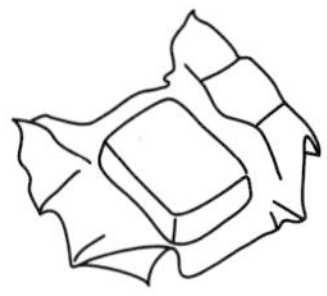
Butter

Nüsse

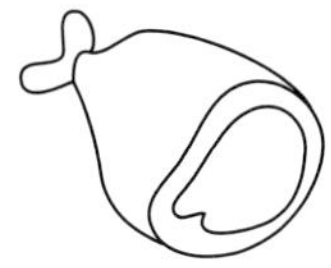
Fleisch

Bonbons

Fisch

Olivenöl

Limonade

Quark

Milch

Sonnenblumenöl

Eier

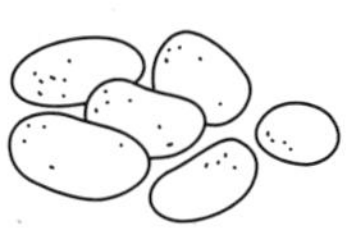
Kartoffeln

Soja

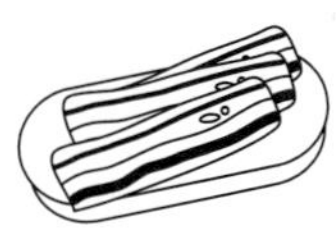
Speck

Reis

Geflügel

Nudeln

2 **Kinder haben bei einem Nährstoff einen höheren Bedarf als Erwachsene.**

a) Schreibe den Nährstoff auf.

____

b) Erkläre, warum das so ist.

____

3 **Wasser oder Limonade? Erkläre, welches Getränk gesünder ist.**

____

____

____

Die Nährstoffe der Nahrungsmittel II

1 **Kreise die Lebensmittel wie folgt ein:**

Kohlenhydrathaltige – rot
Eiweißhaltige – gelb
Fetthaltige – grün

Kuchen

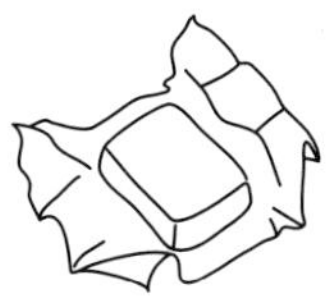
Butter

Nüsse

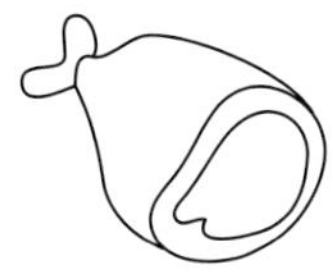
Fleisch

Bonbons

Fisch

Olivenöl

Limonade

Quark

Milch

Sonnenblumenöl

Eier

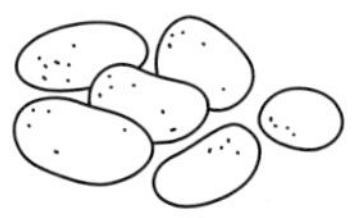
Kartoffeln

Soja

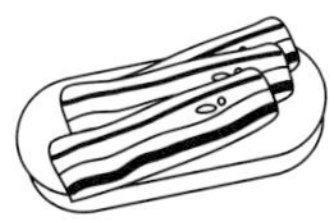
Speck

Reis

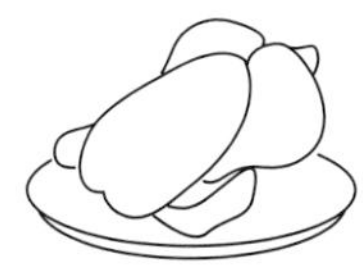
Geflügel

Nudeln

2 **a) Kinder haben bei einem Nährstoff einen höheren Bedarf als Erwachsene. Nenne den Nährstoff und erkläre, warum dies so ist.**

____

b) Ein Bauarbeiter und ein Kassierer haben einen unterschiedlichen Energiebedarf. Streiche die nicht passenden kursiv geschriebenen Wörter durch.

Der Bauarbeiter hat einen *höheren/niedrigeren* Energiebedarf als der Kassierer. Er verrichtet eine körperlich *anstrengendere/nicht so anstrengende* Arbeit. Er kann deshalb *weniger/mehr* Kohlenhydrate und *mehr/weniger* Fett mit der Nahrung aufnehmen ohne an Gewicht zuzunehmen.

c) Schreibe auf was passiert, wenn du mehr Nahrungsmittel (besonders kohlenhydrat- und fettreiche) zu dir nimmst als dein Körper braucht.

____

____

____

____

Die Nährstoffe der Nahrungsmittel III

1 **Nenne die Nährstoffe und ihre Einteilung. Nenne jeweils zwei Lebensmittel, in denen der Nährstoff in großer Menge enthalten ist.**

2 **Erkläre wie Übergewicht entsteht.**

3 **Begründe, ob ein Kassierer oder ein Bauarbeiter mehr Energie benötigt.**

4 **Begründe, ob es gesund ist, ganz auf fetthaltige Nahrungsmittel zu verzichten.**

Der Weg der Nahrung durch den Körper – Einstieg

Mit den Verdauungsorganen wird die Nahrung zerkleinert, durch den Körper transportiert, verdaut und ausgeschieden.

1 Zeichne mit kleinen Pfeilen den Weg der Nahrung durch den Körper. Beginne beim Mund und ende beim After.

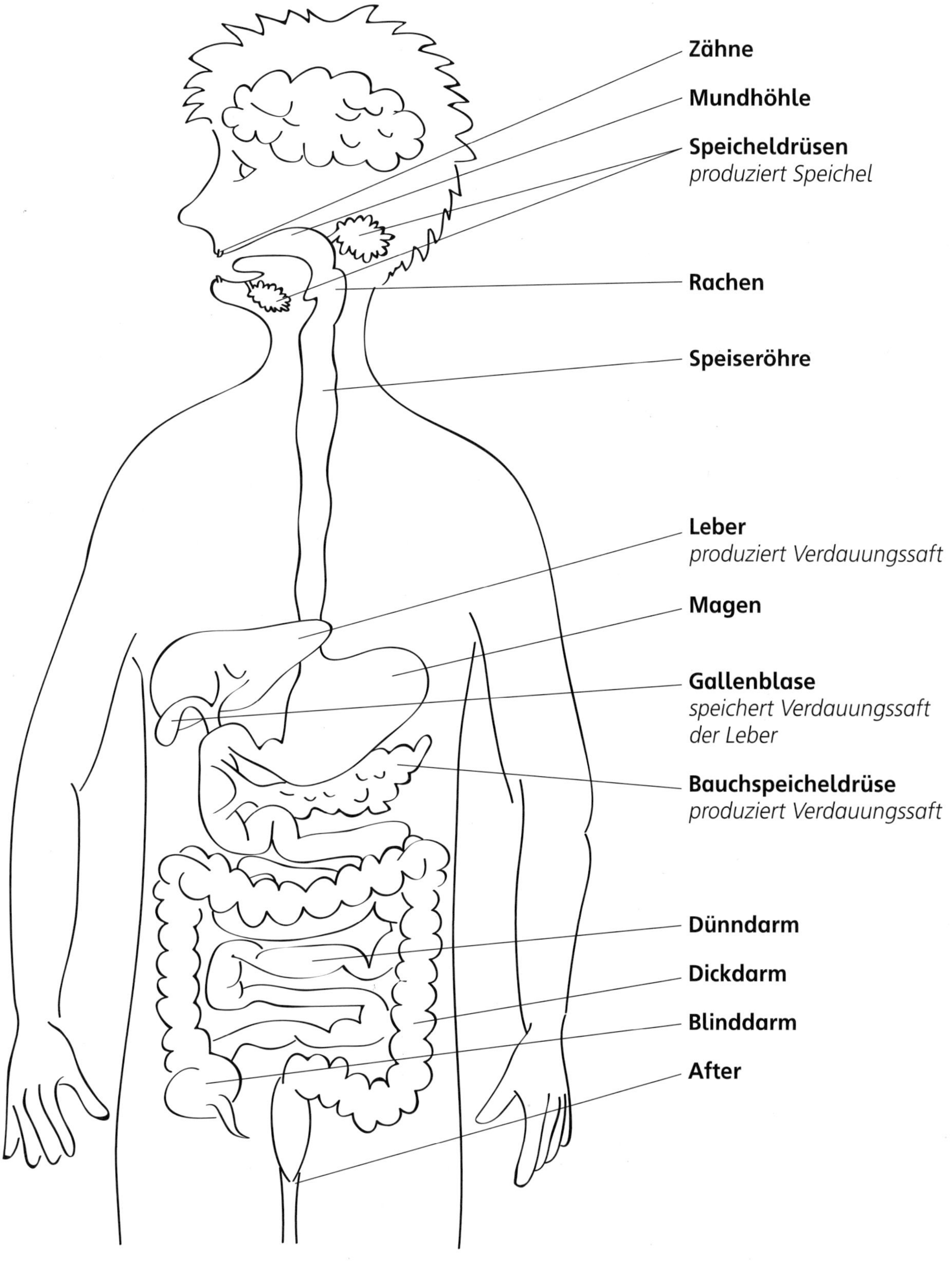

Der Weg der Nahrung durch den Körper I

1 **Ergänze den Lückentext mit den Begriffen aus dem Kasten.**

Magensaft – Dünndarm – Zähnen – Speicheldrüsen – After – Verdauung – Speisröhre – Dickdarm – Magen – Bauchspeicheldrüse – Leber

Die ______________ beginnt, wenn du mit deinen ___________ die Nahrung zerkaust. Dabei stellen die _________________ Speichel her. Der Speichel löst die Nahrung zum Teil auf und macht sie gleitfähig. Nach dem Schlucken gelangt die Nahrung in deine _______________. Am Ende der Speiseröhre gelangt der Nahrungsbrei in den __________. Der Nahrungsbrei wird mit dem ______________ vermischt und bleibt ein paar Stunden im Magen. Danach geht es weiter in den _____________. Die Verdauungssäfte, die von der ______________________ und _________ hergestellt werden, spalten die Nahrung in kleinste Teilchen auf. Nur so können sie die durch die Dünndarmwand ins Blut abgegeben werden. Das Blut transportiert die Nährstoffe zu den Körperzellen. In den _____________ werden die nicht brauchbaren Nahrungsreste befördert. Hier wird ihnen das Wasser entzogen. Der unverdauliche Rest wird als Kot durch den _________ ausgeschieden.

2 **Speicheldrüsen, Leber und Bauchspeicheldrüse stellen Verdauungssäfte her.**
Male die drei Organe grün aus.

3 **Die Nahrung wird von folgenden Organen durchlaufen: Mundhöhle, Rachen, Speiseröhre, Magen, Dünndarm, Dickdarm und After.**
Male die sieben Organe rot aus.

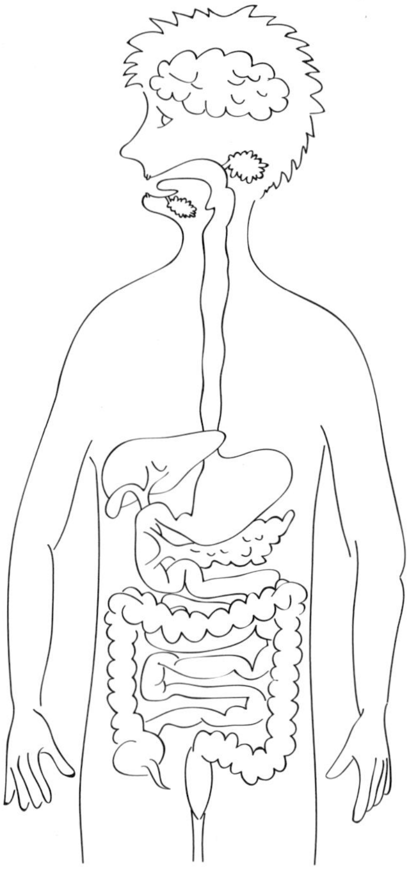

Der Weg der Nahrung durch den Körper II

1 **Ergänze den Lückentext mit den Begriffen aus dem Kasten.**

Dünndarm – Magen – Leber – Speiseröhre – Dickdarm – After – Zähne – Bauchspeicheldrüse – Magen – Speicheldrüsen

Mithilfe der ___________ wird die Nahrung zerkleinert. Die _________________ produzieren den Speichel. Durch den Speichel wird die Nahrung zum Teil zersetzt und gleitfähig gemacht. Nach dem Schlucken gelangt die Nahrung in die ________________. Von dort aus gelangt der Nahrungsbrei in den ___________.

Der Brei bleibt einige Stunden im ___________ und wird mit dem Magensaft vermischt. Danach geht es weiter in den ca. 5 Meter langen _______________. Die Verdauungssäfte von _________________________ und __________ spalten die Nahrung in kleinste Teilchen auf. Nur so können diese durch die Dünndarmwand ins Blut abgegeben werden.

Der Blutstrom transportiert die Nährstoffe zu den Körperzellen. Der nicht verwertbare Rest wird in den ______________ befördert. Hier wird den Abfallstoffen das Wasser entzogen. Der unverdauliche Rest wird als Kot durch den _________ ausgeschieden.

2 **a) Nenne die Organe, die Verdauungssäfte produzieren.**

____

b) Male die Organe aus a) in der rechten Zeichnung grün aus.

c) Nenne die Organe, die von der Nahrung durchlaufen werden.

____

____

____

d) Male die Organe aus c) in der rechten Zeichnung rot aus.

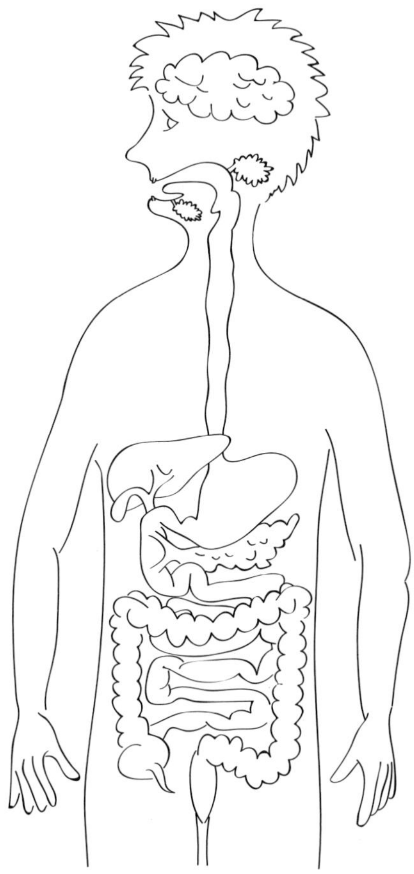

Der Weg der Nahrung durch den Körper III

1 **Ergänze den Lückentext.**

Mithilfe der __________ wird die Nahrung zerkleinert. Die ________________ produzieren den Speichel. Durch den Speichel wird die Nahrung zum Teil zersetzt und gleitfähig gemacht. Nach dem Schlucken gelangt die Nahrung in die _______________. Von dort aus gelangt der Nahrungsbrei in den __________.

Der Brei bleibt einige Stunden im __________ und wird mit dem Magensaft vermischt. Danach geht es weiter in den ca. 5 Meter langen ______________. Die Verdauungssäfte von ________________________ und _________ spalten die Nahrung in kleinste Teilchen auf. Nur so können diese durch die Dünndarmwand ins Blut abgegeben werden.

Der Blutstrom transportiert die Nährstoffe zu den Körperzellen. Der nicht verwertbare Rest wird in den _____________ befördert. Hier wird den Abfallstoffen das Wasser entzogen. Der unverdauliche Rest wird als Kot durch den _________ ausgeschieden.

2 a) **Nenne die Organe, die Verdauungssäfte produzieren.**

____

b) **Male die Organe aus a) in der rechten Zeichnung grün aus.**

c) **Nenne die Organe, die von der Nahrung durchlaufen werden.**

____

____

d) **Male die Organe aus c) in der rechten Zeichnung rot aus.**

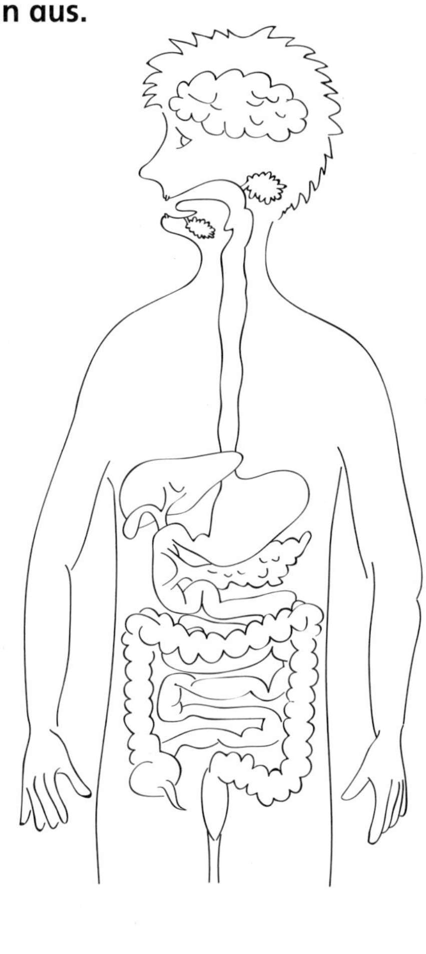

3 **„Gut gekaut ist halb verdaut."**
Erkläre dieses Sprichwort ausführlich.

____

____

____

____

____

Male die Blutgefäße der Lungenbläschen in dem dritten Bild „Der Gasaustausch" an: sauerstoffreiches Blut rot und kohlenstoffdioxidreiches Blut blau.

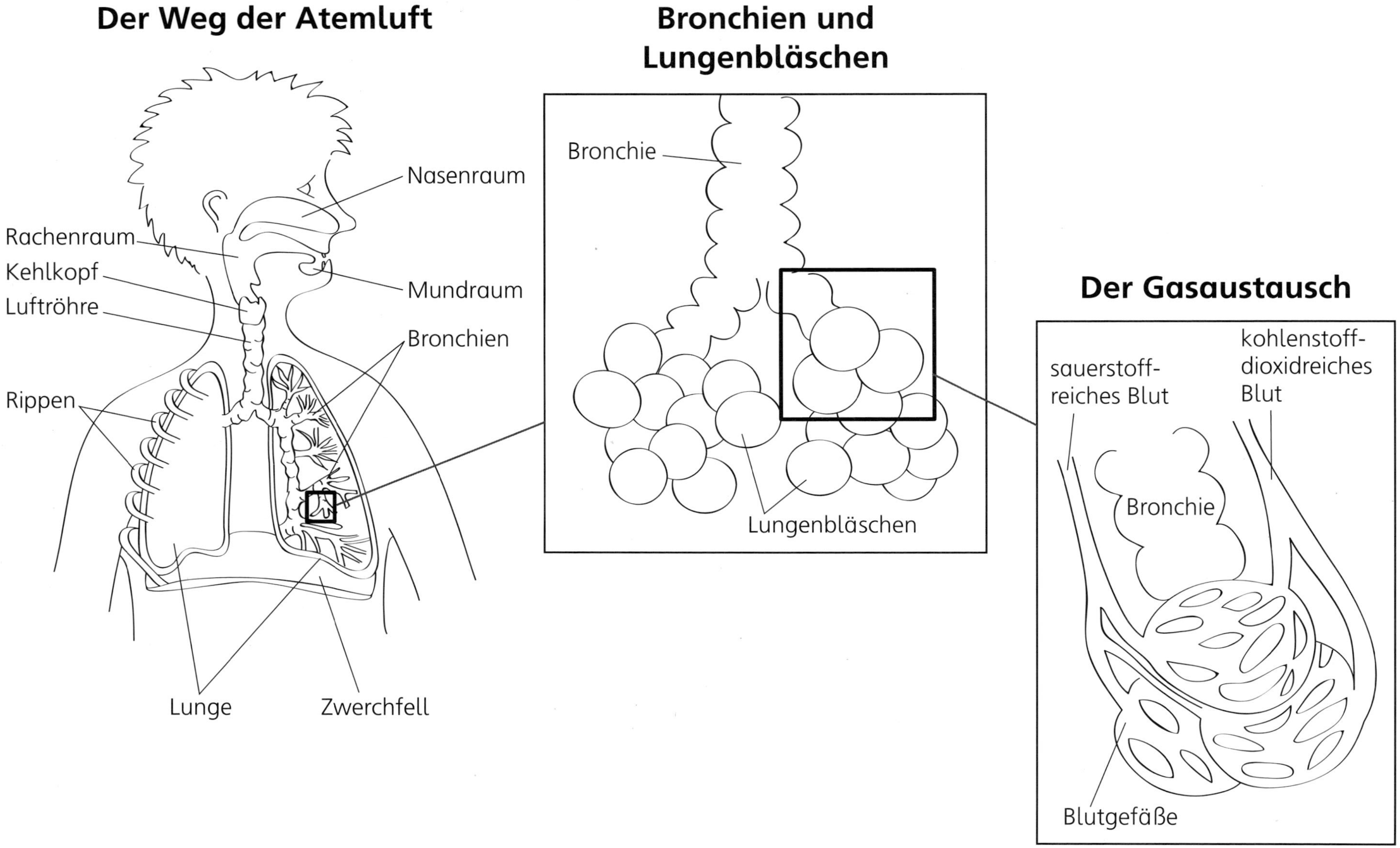

Der Weg der Atemluft I

1 **Ergänze den Lückentext mit den Begriffen aus dem Kasten.**

Kehlkopf – Nasenhaaren – Lungenbläschen – Luftröhre – Rachen – Nase – Bronchien – Lunge – Lungenflügeln – Kehldeckel – Mund

Die Luft wird durch den __________ und die __________ eingeatmet. Beim Atmen durch die Nase wird die Luft angefeuchtet, erwärmt und gereinigt. Kleine Staubteilchen bleiben in den ______________ hängen. Über den ___________ gelangt die Luft in die _____________. An der Spitze der Luftröhre sitzt der _____________, ohne den wir nicht sprechen und singen könnten. Neben der Luftröhre liegt die Speiseröhre. Der ______________ legt sich beim Schlucken auf die Luftröhre, damit kein Speichel oder Essen in die Luftröhre gelangt. Im Brustraum teilt sich die Luftröhre in zwei ______________ auf. Bronchien sehen aus wie die Äste eines Baumes. Durch diese Äste strömt die Luft in die __________. Diese besteht aus zwei __________________. Hier werden die Ästchen immer feiner. Am Ende der Bronchien befinden sich die ____________________. In ihnen wird der Sauerstoff aufgenommen und das Kohlenstoffdioxid abgegeben.

2 **Beschrifte den Weg, den die Atemluft nimmt.**

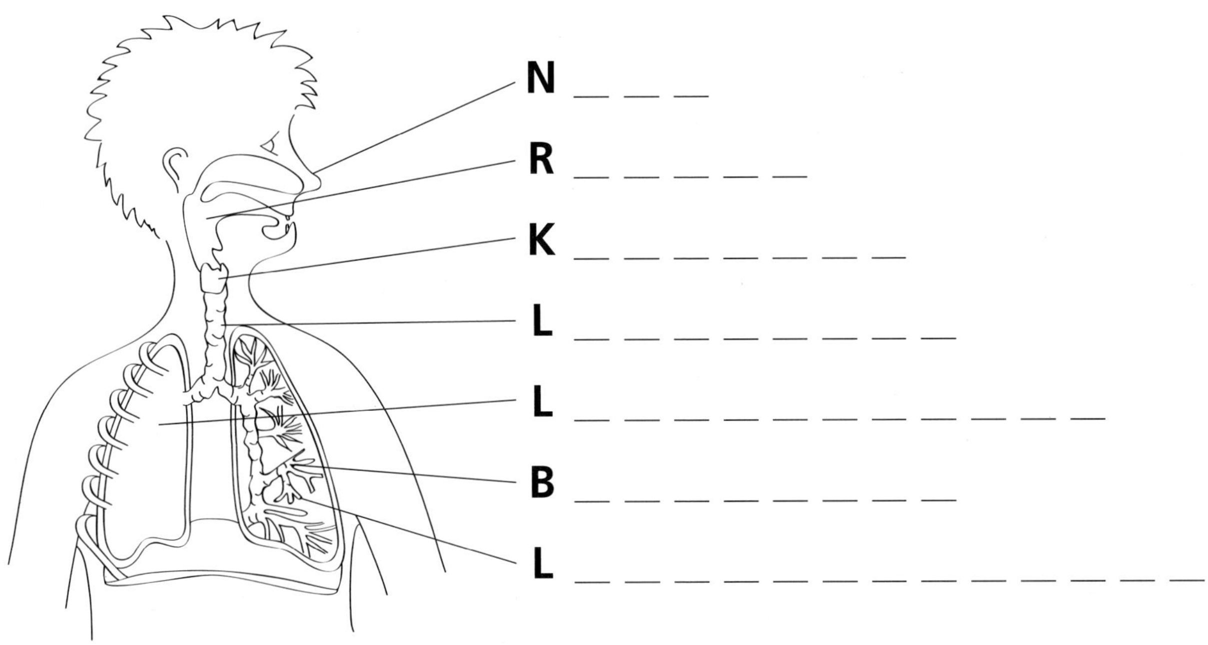

3 **Schreibe die Aufgaben der Nase beim Atmen auf.**

____

____

Der Weg der Atemluft II

1 **Ergänze den Lückentext mit den Begriffen aus dem Kasten.**

Rippen – Kehlkopf – Brustatmung – Nasenhaaren – Lungenbläschen – Bauchatmung – Luftröhre – Rachen – Nase – Bronchien – Lunge – Lungenflügeln – Kehldeckel – Mund – Zwerchfell

Die Luft wird durch den __________ und die __________ eingeatmet. Beim Atmen durch die Nase wird die Luft angefeuchtet, erwärmt und gereinigt. Kleine Staubteilchen bleiben in den ________________ hängen. Über den ____________ gelangt die Luft in die ______________.

An der Spitze der Luftröhre sitzt der ______________, ohne den wir nicht sprechen und singen könnten. Neben der Luftröhre liegt die Speiseröhre. Der _______________ legt sich beim Schlucken auf die Luftröhre, damit kein Speichel oder Essen in die Luftröhre gelangt.

Im Brustraum teilt sich die Luftröhre in zwei _______________ auf. Bronchien sehen aus wie die Äste eines Baumes. Durch diese Äste strömt die Luft in die ___________. Diese besteht aus zwei ___________________. Hier werden die Ästchen immer feiner. Am Ende der Bronchien befinden sich die ______________________. Diese nehmen Sauerstoff auf und geben Kohlenstoffdioxid ab.

Das _______________ sitzt unter der Lunge und bewegt sich bei der ___________________ nach oben und unten. Bei der ___________________ wird der Brustraum erweitert, weil sich die Muskeln zwischen den ____________ zusammenziehen.

2 **Erkläre, warum keine Nahrung in die Luftröhre gelangen kann, außer man verschluckt sich.**

____

____

3 **Schreibe die Aufgaben der Nase beim Atmen auf.**

____

____

Der Weg der Atemluft III

1 **Fülle den Lückentext aus.**

Die Luft wird durch den __________ und die __________ eingeatmet. Über den ____________ gelangt die Luft in die ______________. An der Spitze der Luftröhre sitzt der ______________, ohne den wir nicht sprechen und singen könnten. Neben der Luftröhre liegt die Speiseröhre. Der _______________ legt sich beim Schlucken auf die Luftröhre, damit kein Speichel oder Essen in die Luftröhre gelangt. Im Brustraum teilt sich die Luftröhre in zwei _______________ auf. Bronchien sehen aus wie die Äste eines Baumes. Durch diese Äste strömt die Luft in die __________. Diese besteht aus zwei ___________________. Hier werden die Ästchen immer feiner. Am Ende der Bronchien befinden sich die _____________________. Diese nehmen Sauerstoff auf und geben Kohlenstoffdioxid ab.

2 **Beschreibe die Abbildungen der Brustatmung und der Bauchatmung.**

Brustatmung

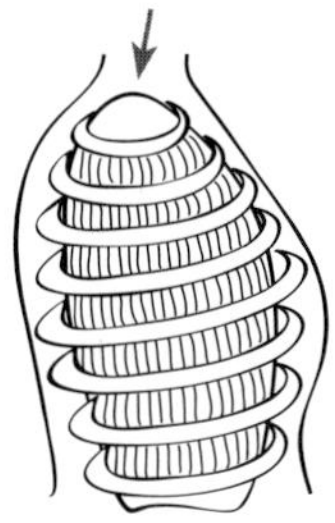

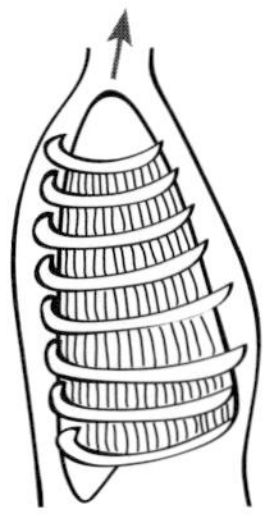

Bauchatmung

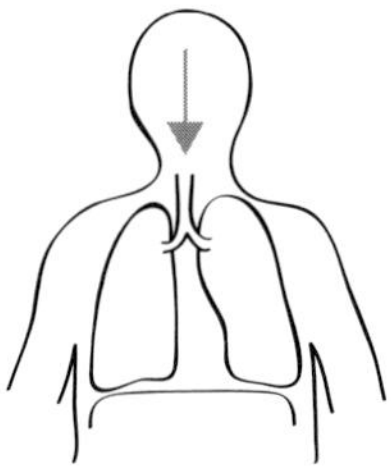

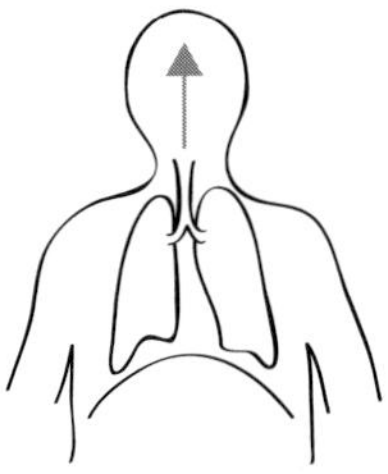

Das Herz – Einstieg

Das Herz ist ein faustgroßer Hohlmuskel, der von der ersten bis zur letzten Minute unseres Lebens Blut pumpt. Es liegt unter den Rippen zwischen den Lungenflügeln. In der Minute schlägt das Herz ca. 70- bis 80-mal und hält so unser Blut in ständiger Bewegung. Das Herz ist von Herzkranzgefäßen umgeben, die es mit Sauerstoff und Nährstoffen versorgen. In einer Minute pumpt das Herz ca. 5 Liter Blut durch unseren Körper.

Das Herz besteht aus zwei Hälften, einer rechten und einer linken Herzhälfte. Jede Hälfte besteht aus einem Vorhof und einer Herzkammer. Die Herzklappen sind wie Ventile, die dafür sorgen, dass das Blut immer nur in eine Richtung fließt. Die linke Herzseite pumpt das Blut durch die Arterien zu allen Körperteilen, um diese mit Sauerstoff zu versorgen. Danach kehrt das sauerstoffarme Blut in den Venen zur rechten Herzseite zurück. Von hier wird es zur Lunge geleitet und wieder mit Sauerstoff angereichert. Von dort gelangt es wieder in die linke Herzkammer.

Das Herz arbeitet wie eine Pumpe. Dehnt sich der Herzmuskel aus, wird Blut in die Herzkammer gesaugt. Beim Zusammenziehen des Herzmuskels, wird das Blut aus den Kammern in die Arterien gedrückt. Diesen Druck kannst du am Handgelenk oder am Hals fühlen. Man nennt ihn Puls.

Zeichne mit Pfeilen ein, wie das Blut durch das Herz fließt.

Bau des Herzens

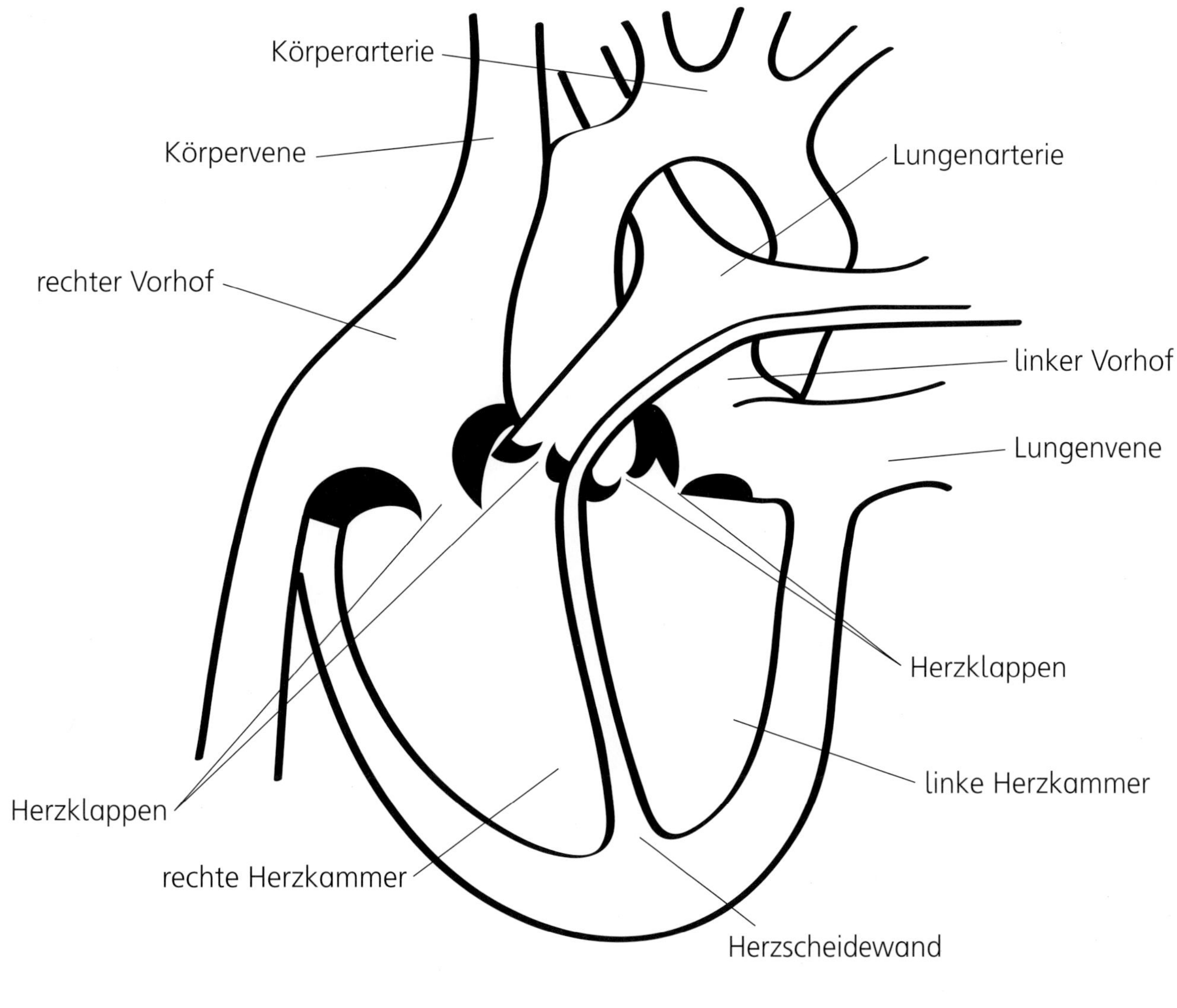

Das Herz I

1 **In dem Suchsel sind 12 Wörter versteckt. Finde sie und schreibe sie auf die Linien.**

U	N	K	G	E	R	C	H	Z	U	I	D	E	R	P	M	K	L	A	P	H
P	L	U	N	G	E	V	S	A	R	D	E	S	H	E	R	Z	P	M	U	E
C	H	G	V	E	T	W	A	C	H	U	O	I	O	N	E	R	T	B	V	R
S	C	H	R	U	Z	C	U	B	P	U	M	R	H	P	U	K	N	L	M	Z
C	P	U	M	P	E	R	E	W	R	T	V	E	L	N	R	A	W	U	C	K
H	G	E	R	T	A	S	R	E	V	N	U	G	M	T	G	R	P	T	M	L
G	U	N	E	P	U	L	S	F	T	U	N	O	U	M	E	T	C	H	U	A
P	L	K	M	U	I	R	T	E	Z	U	C	H	S	S	A	E	Z	T	R	P
N	H	U	I	K	L	V	O	R	H	O	F	M	K	V	U	R	D	Z	U	P
E	V	E	N	E	A	U	F	B	U	T	R	O	E	M	U	I	C	Z	R	E
G	U	R	C	E	D	T	F	B	U	F	F	U	L	N	H	E	V	R	Z	N
P	P	K	L	P	O	W	C	H	T	E	R	M	M	U	N	R	N	N	Z	U
O	V	H	E	R	Z	K	A	M	M	E	R	E	V	G	U	B	P	I	H	D

2 **Der Weg des Blutes durch das Herz.**
Bringe die Sätze in die richtige Reihenfolge.

Von hier wird es zu der **Lunge** geleitet und wieder mit Sauerstoff aufgefüllt.	
Von der **linken Herzseite** wird das Blut durch die Arterien in alle Körperteile gebracht, um sie mit Sauerstoff zu versorgen.	
So schließt sich der Blutkreislauf.	
Das verbrauchte Blut fließt dann durch die Venen wieder zur **rechten Herzseite** zurück.	
Danach gelangt es wieder in die **linke Herzkammer**.	

Das Herz II

1 Beschreibe den Weg des Blutes durch das Herz mit eigenen Worten.

2 a) Nenne die Blutgefäße, die das Blut vom Herzen wegführen.

b) Nenne die Blutgefäße, die das Blut zum Herzen hinführen.

3 a) Schreibe auf, an welchen Stellen sich die Herzklappen befinden.

b) Nenne die Aufgabe der Herzklappen.

4 Nenne die Literanzahl, die ein Herz etwa in einer Minute durch unseren Körper pumpt. Berechne, wie viele Liter das Herz an einem Tag durchlaufen.

Das Herz III

1 **Beschreibe den Weg des Blutes durch das Herz mit eigenen Worten.**

2 **Erläutere die Zeichnungen und erkläre mit ihnen, wieso das Herz im Zweitakt arbeitet.**

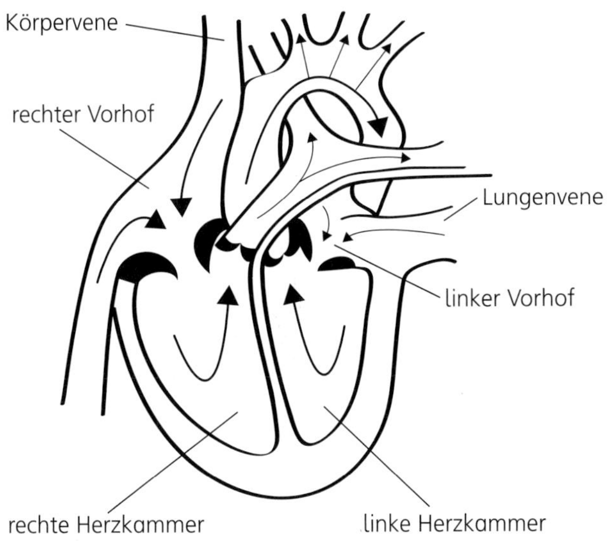

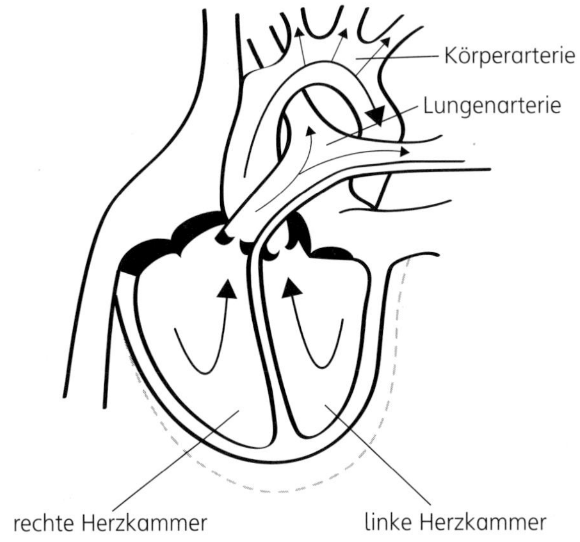

Der Blutkreislauf – Einstieg

Das Blut versorgt den Körper mit Sauerstoff und Nährstoffen.
Das Herz pumpt das Blut in einem Kreislauf durch den Körper.

Das Blut wird im Körper durch Blutgefäße transportiert. Alle Blutgefäße, die zum Herzen hinführen, werden Venen genannt und alle die vom Herzen wegführen heißen Arterien.

Der Blutkreislauf teilt sich in zwei Kreisläufe auf, in den Lungenkreislauf und den Körperkreislauf.

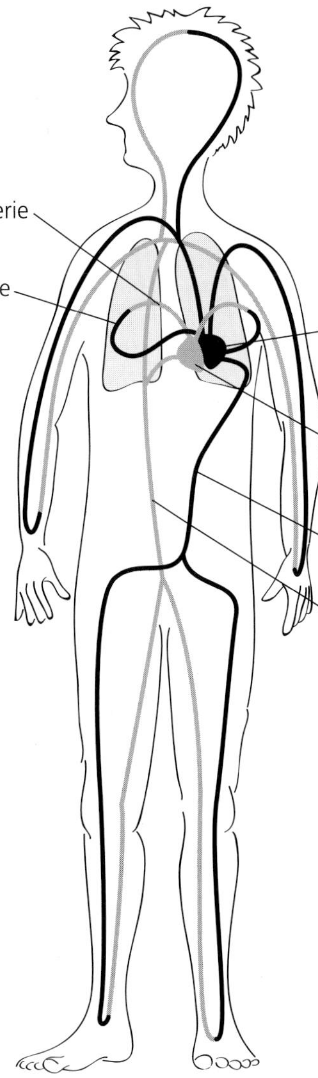

Der Lungenkreislauf

Das sauerstoffarme Blut fließt über die Körpervene in die rechte Herzhälfte.
Von dort wird es über die Lungenarterie in die Lunge gepumpt.
In der Lunge gibt das Blut Kohlenstoffdioxid ab und nimmt aus der eingeatmeten Luft Sauerstoff auf. Über die Lungenvene transportiert das Blut den Sauerstoff in die linke Herzhälfte.

Der Körperkreislauf

Das Herz pumpt das sauerstoffreiche Blut aus der linken Herzhälfte in die Körperarterie um die Organe, Beine, Arme und den Kopf mit Sauerstoff zu versorgen.
Die Organe verbrauchen den Sauerstoff und es entsteht Kohlenstoffdioxid.
Das sauerstoffarme Blut wird über die Körpervene zurück zur rechten Herzhälfte transportiert.

Sortiere die Begriffe aus dem Kasten danach, ob sie sauerstoffreiches oder sauerstoffarmes Blut transportieren.

Lungenvene – Lungenarterie – Körpervene – Körperarterie – rechte Herzhälfte – linke Herzhälfte

Sauerstoffreiches Blut transportieren:

___

Sauerstoffarmes Blut transportieren:

___

Der Blutkreislauf I

1 **Fülle den Lückentext mit den Begriffen aus dem Kasten aus.**

Sauerstoffarmes – rechte – sauerstoffreiche – linke

Das sauerstoffarme Blut fließt über die Körpervene in die __________ Herzhälfte.

Von dort wird es über die Lungenarterie in die Lunge gepumpt. ____________________

Blut wird durch eingeatmete Luft zu sauerstoffreichem Blut.

Über die Lungenvene wird das ____________________ Blut in die __________ Herzhälfte

gebracht. Von dort wird es über die Körperarterie in den Körper gepumpt, um Organe, Beine und Arme mit Sauerstoff zu versorgen.

2 **Beschrifte mit den Begriffen aus dem Kasten den Weg des Blutes durch den Körper.**

Lungenvene – Lungenarterie – Körpervene – Körperarterie

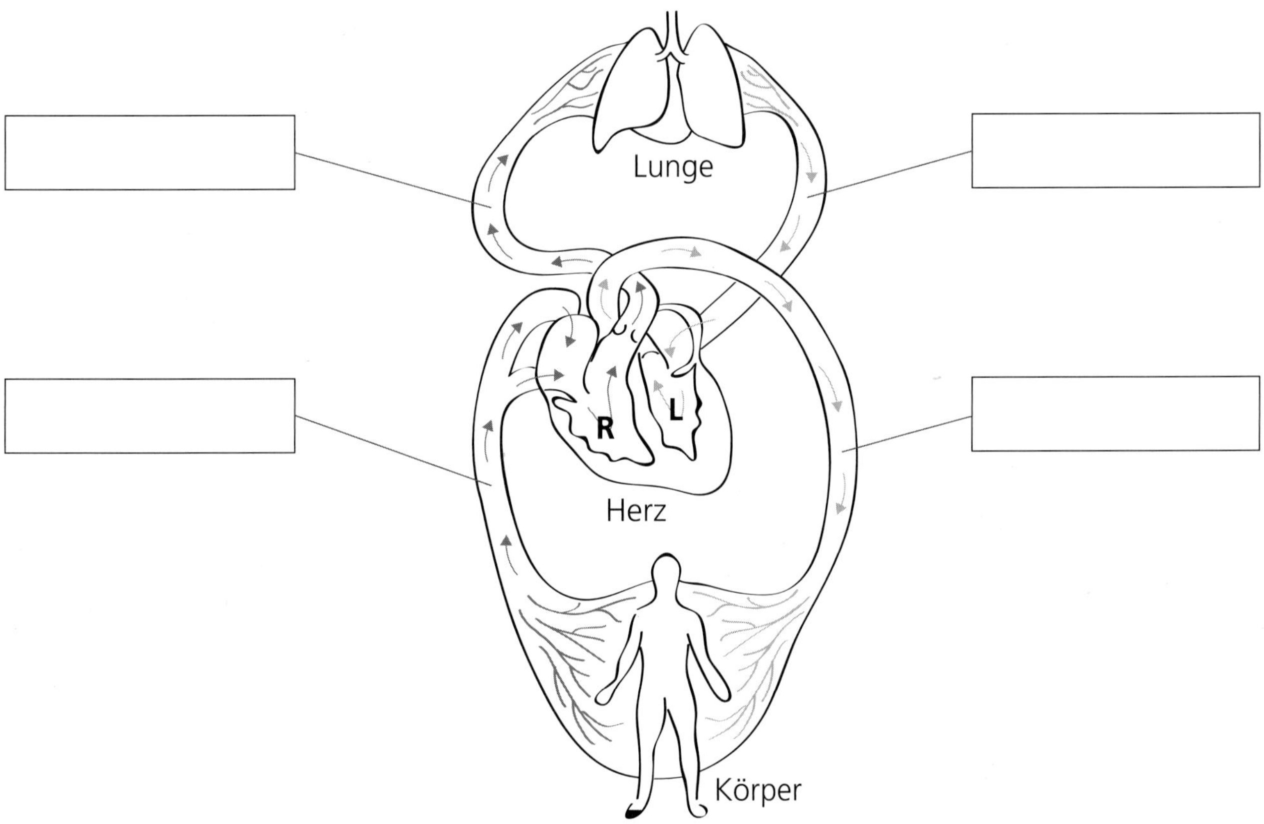

3 **a) Nenne die beiden Kreisläufe, die den Blutkreislauf bilden.**

____

b) Nenne das Organ, das auch Pumpe genannt wird.

____

Der Blutkreislauf II

1 **Fülle den Lückentext mit den Begriffen aus dem Kasten aus.**

Lungenkreislauf – Körperkreislauf – linken – linke – rechte – rechten – Lungenarterie – Körpervene – Körpervene – Lungenvene – Kohlenstoffdioxid – Körperarterie – Sauerstoff

Der Blutkreislauf lässt sich in den Lungenkreislauf und Körperkreislauf unterteilen.

Der ____________________

Die ______________ transportiert das sauerstoffarme Blut in die __________ Herzhälfte. Über die _________________ wird es in die Lunge gepumpt. Dort gibt das Blut Kohlenstoffdioxid ab und nimmt _______________ aus der eingeatmeten Luft auf. Anschließend wird das sauerstoffreiche Blut über die _______________ in die _________ Herzhälfte transportiert.

Der ____________________

Das sauerstoffreiche Blut pumpt das Herz aus der __________ Herzhälfte in die ________________. Organe, Beine, Arme und Kopf werden so mit Sauerstoff versorgt. Diesen verbraucht der Körper und es entsteht ____________________. Die ______________ transportiert das sauerstoffarme Blut zurück zur ____________ Herzhälfte.

2 **Zeichne die Blutgefäße der Person wie folgt nach: das sauerstoffreiche Blut rot und das sauerstoffarme Blut blau. Beschrifte die Zeichnung anschließend mit den Begriffen aus den Kasten.**

Körpervene – linke Herzhälfte – rechte Herzhälfte – Körperarterie – Lungenarterie – Lungenvene

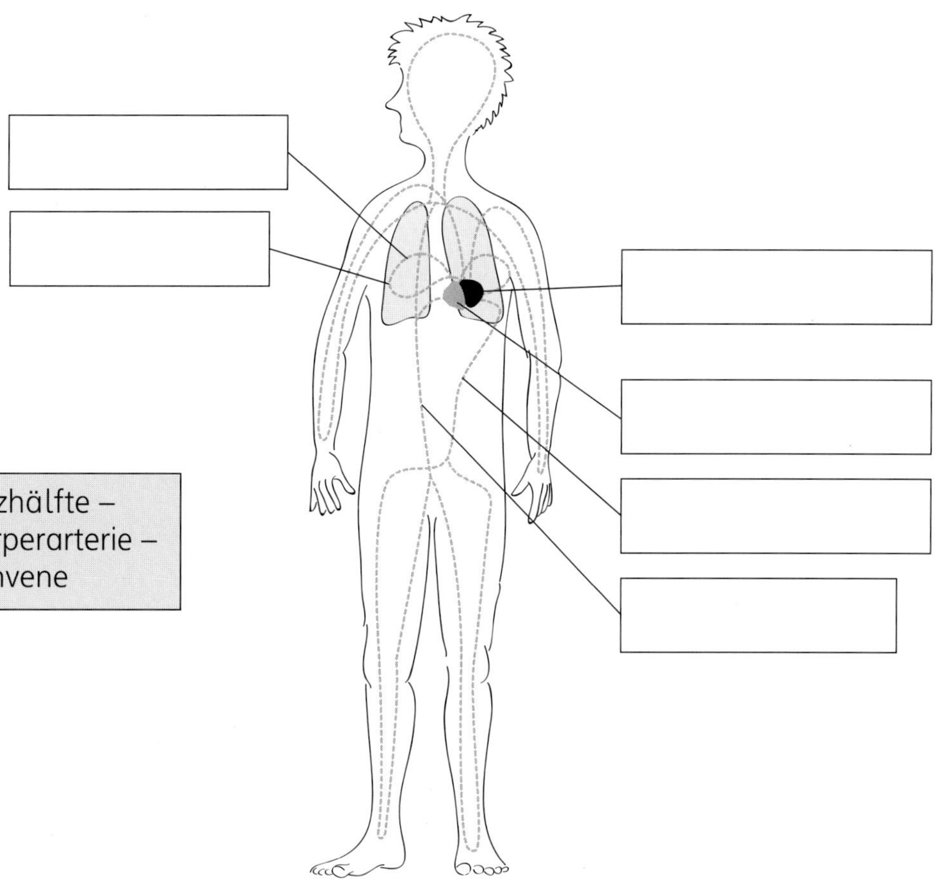

Der Blutkreislauf III

1 **Fülle den Lückentext aus.**

Der Blutkreislauf lässt sich in den Lungenkreislauf und Körperkreislauf unterteilen.

Der ____________________

Die _______________ transportiert das sauerstoffarme Blut in die ___________ Herzhälfte. Über die __________________ wird es in die Lunge gepumpt. Dort gibt das Blut Kohlenstoffdioxid ab und nimmt ________________ aus der eingeatmeten Luft auf. Anschließend wird das sauerstoffreiche Blut über die ________________ in die __________ Herzhälfte transportiert.

Der ____________________

Das sauerstoffreiche Blut pumpt das Herz aus der ___________ Herzhälfte in die _________________. Organe, Beine, Arme und Kopf werden so mit Sauerstoff versorgt. Diesen verbraucht der Körper und es entsteht _____________________. Die _______________ transportiert das sauerstoffarme Blut zurück zur _____________ Herzhälfte.

2 **Zeichne die Blutgefäße der Person wie folgt nach: das sauerstoffreiche Blut rot und das sauerstoffarme Blut blau. Beschrifte die Zeichnung anschließend mit den Begriffen aus den Kasten.**

Körpervene – linke Herzhälfte – rechte Herzhälfte – Körperarterie – Lungenarterie – Lungenvene

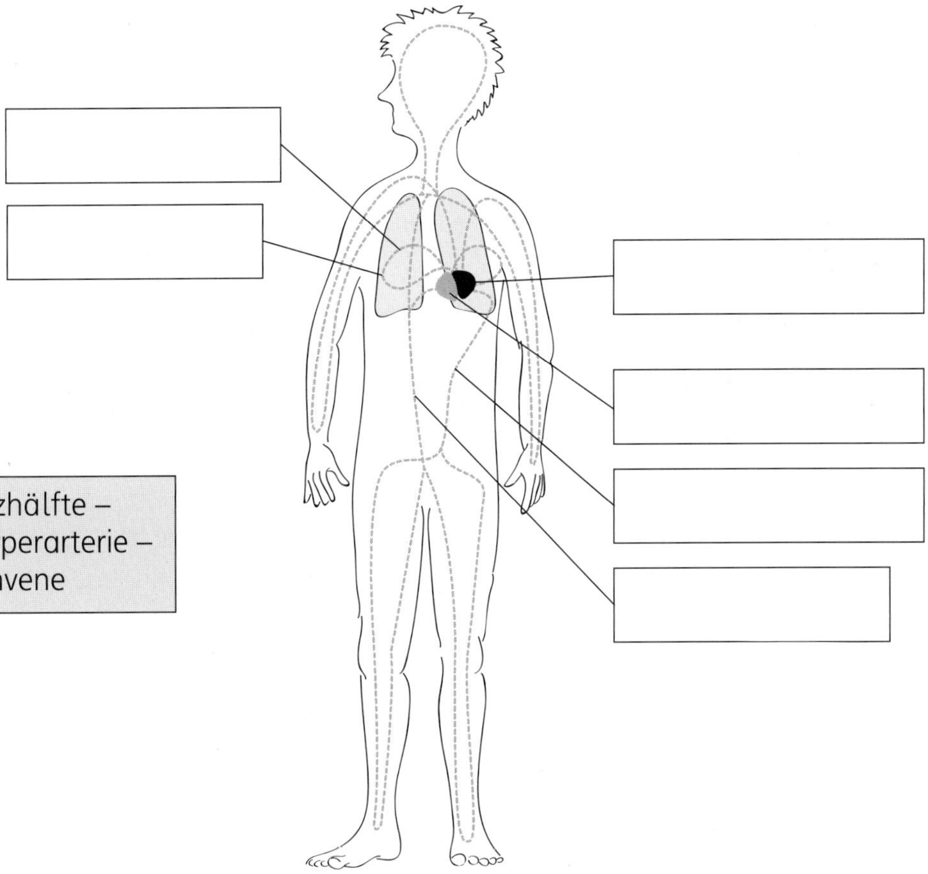

Aufbau einer Blütenpflanze – Einstieg

Beschrifte den Bauplan einer Blütenpflanze mit den Begriffen aus dem Kasten.

Seitenspross – Knospe – Blüte – Hauptwurzel – Sprossachse – Seitenwurzel – Blatt – Spross – Wurzel

Aufbau einer Blütenpflanze I

1 **Ergänze den Lückentext.**

Hauptwurzel – Seitenwurzeln – Wurzel – Seitensprosse – Knospen – Sprossachse – Blätter – Blüten – Spross

Alle Blütenpflanzen gleichen sich in ihrem Grundaufbau. Sie bestehen unter der Erde aus einer ___________. Diese setzt sich aus der dickeren ________________ und den etwas dünneren __________________ zusammen. Die oberirdischen Pflanzenteile werden in ihrer Gesamtheit als __________ bezeichnet. Die ________________ leitet das Wasser von den Wurzeln in die Blätter. Von ihr gehen die _________________ ab. An ihnen wachsen die ___________. In den Blattachsen befinden sich die ____________. Aus diesen können Seitensprosse oder ___________ entstehen.

2 **Nenne mindestens eine Aufgabe der Wurzeln.**

____

____

____

3 **Male die Teile der Blütenpflanze folgendermaßen aus:**

Hauptwurzel und Seitenwurzel: braun
Sprossachse: grün
Seitenspross: blau
Blätter: gelb
Knospen: orange
Blüte: rot

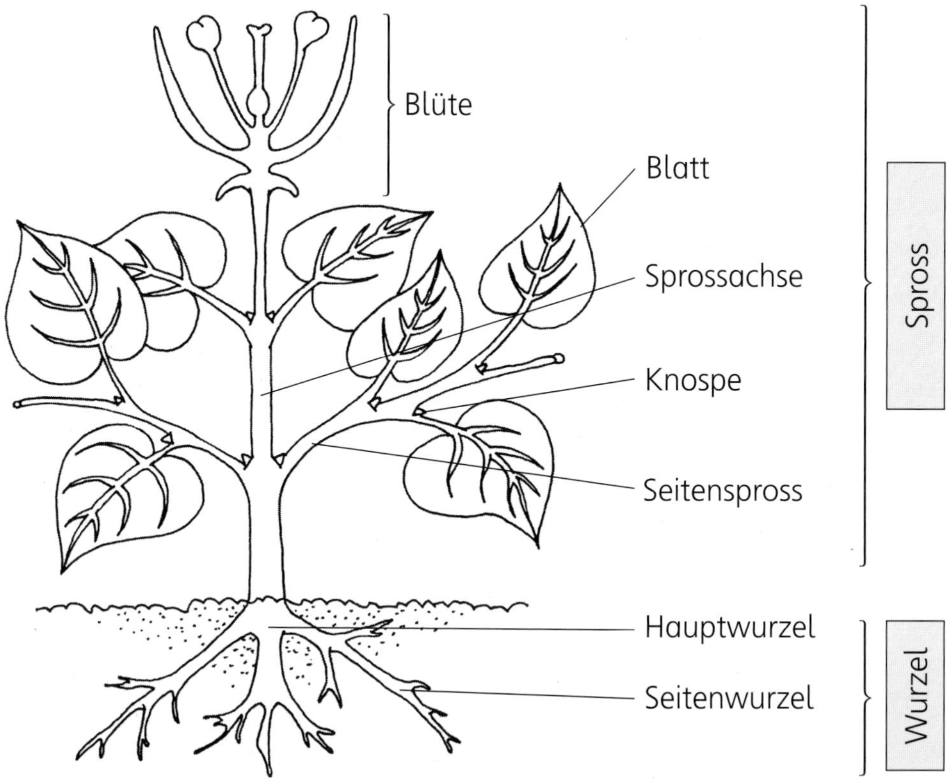

Aufbau einer Blütenpflanze II

1 **Ergänze den Lückentext mit den Begriffen von der Einstieg.**

Alle Blütenpflanzen gleichen sich in ihrem Grundaufbau. Sie bestehen unter der Erde aus einer ____________. Diese setzt sich aus der dickeren ________________ und den etwas dünneren __________________ zusammen. Die oberirdischen Pflanzenteile werden in ihrer Gesamtheit als ___________ bezeichnet. Die ________________ leitet das Wasser von den Wurzeln in die Blätter. Von ihr gehen die _________________ ab. An ihnen wachsen die ___________. In den Blattachsen befinden sich die ____________. Aus diesen können Seitensprosse oder ___________ entstehen.

2 **Verbinde die Blütenpflanzenbestandteile mit ihren jeweiligen Aufgaben.**

Blütenpflanzenbestandteil	Aufgabe
Blüte	Verankerung im Boden und Aufnahme von Wasser und gelösten Mineralstoffen.
Spross	Lockt durch ihren Duft Insekten an und dient somit der Fortpflanzung.
Blatt	Leitet Wasser und gelöste Mineralstoffe zu den Blättern und gibt der Pflanze Halt.
Wurzel	Bildet mit Hilfe des Sonnenlichtes Energie für die Pflanze.

3 **Male die Teile der Blütenpflanze folgendermaßen aus:**

Hauptwurzel und Seitenwurzel: braun
Sprossachse: grün
Seitenspross: blau
Blätter: gelb
Knospen: orange
Blüte: rot

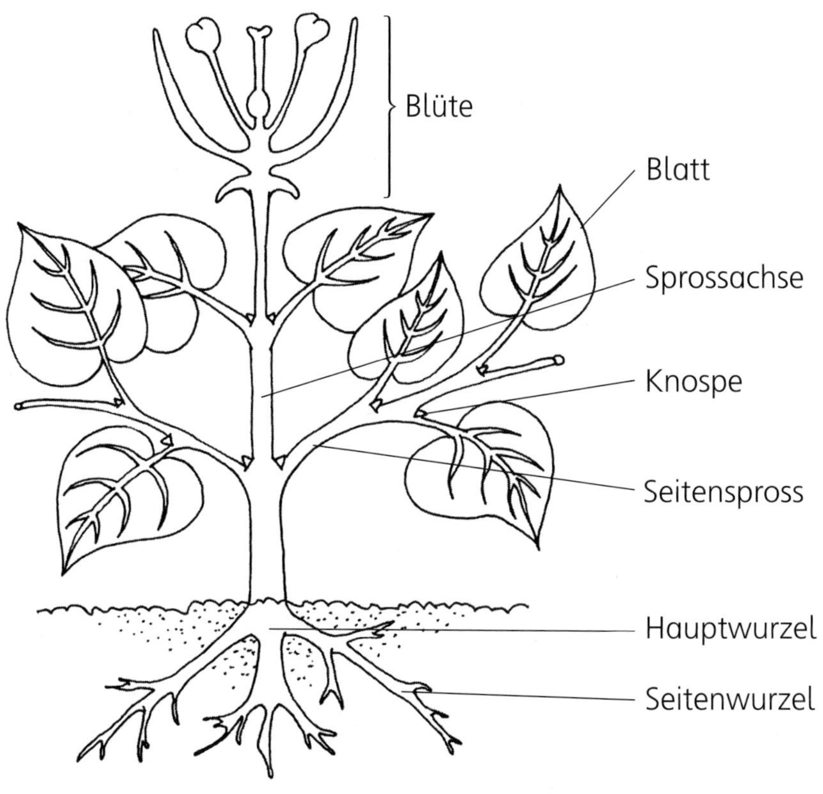

Aufbau einer Blütenpflanze III

1 **Beschreibe mithilfe der Einstieg den Aufbau einer Blütenpflanze.**

2 **Verbinde die Blütenpflanzenbestandteile mit ihren jeweiligen Aufgaben.**

Blütenpflanzenbestandteil

Blüte
Spross
Blatt
Wurzel

Aufgabe
Dient der Fortpflanzung.
Aufnahme von Wasser und gelösten Mineral-stoffen.
Gibt der Pflanze Stabilität.
Verankerung im Boden.
Lockt durch ihren Duft Insekten an.
Leitet Wasser und gelöste Mineralstoffe zu den Blättern.
Bildet mit Hilfe des Sonnenlichtes Energie für die Pflanze.

Von der Blüte zur Frucht – Einstieg

1 **Male die vier Zeichnungen folgendermaßen an:**

Stiel, Blütenboden, Kelchblätter: grün
Kronblätter: rosa
Staubfäden, Staubbeutel: blau
Samenanlage mit befruchteter Eizelle und Samen: grau
Fruchtknoten, Griffel, Narbe und Fruchtfleisch: rot

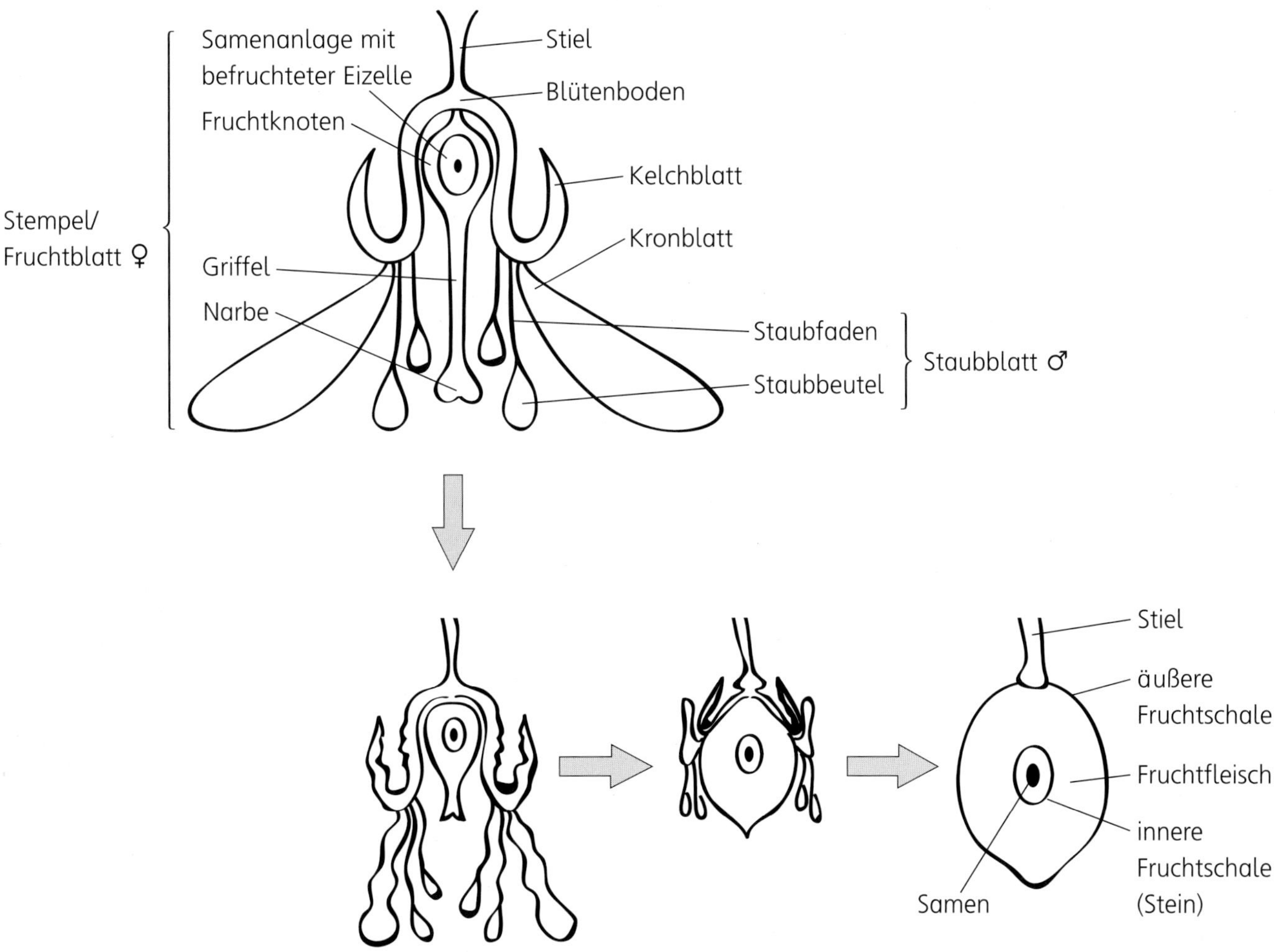

2 **Nenne die Frucht, die sich aus der Blüte entwickelt hat.**

___

Von der Blüte zur Frucht I

1 **Beschrifte die Abbildung mit den passenden Begriffen. Die Einstieg hilft dir dabei.**

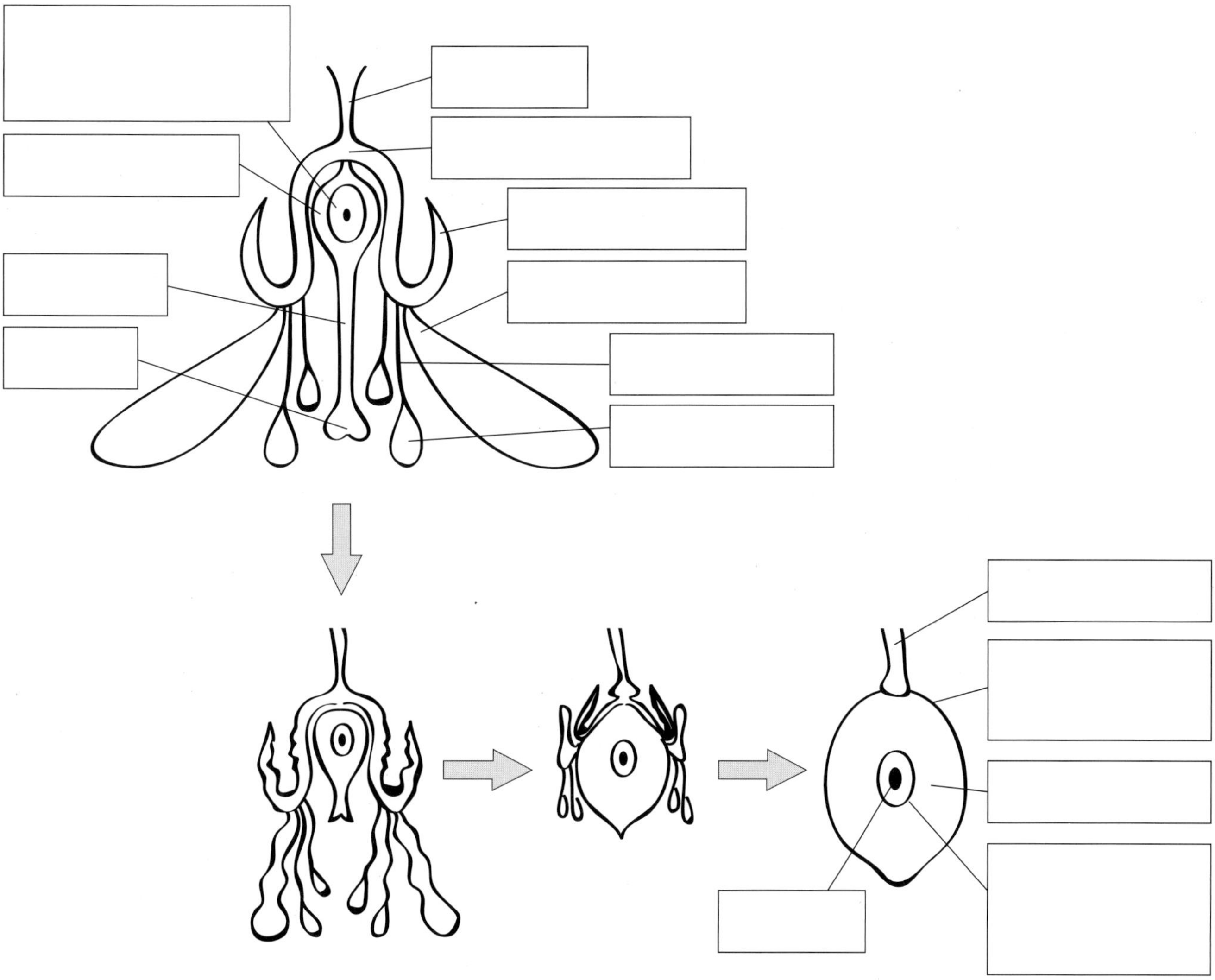

2 **Kreuze an, ob die Aussagen richtig oder falsch sind.**

Aussage	richtig	falsch
Der Stiel ist mit dem Blütenboden verbunden.		
Staubfaden und Staubbeutel gehören zu den männlichen Blütenteilen.		
Ein anderes Wort für Kronblatt ist Kelchblatt.		
Fruchtknoten, Griffel und Narbe zählen zu den weiblichen Blütenteilen.		
Ein anderes Wort für Stempel ist Fruchtblatt.		
Aus dem Fruchtknoten entwickelt sich der Samen.		
Kronblätter, Staubblätter und Kelchblätter fallen im Laufe der Zeit ab, wenn sich die Blüte zur Frucht entwickelt.		
Aus einer Kirschblüte kann sich auch ein Apfel entwickeln.		
Im Kirschkern (Stein) befindet sich der Samen.		

Von der Blüte zur Frucht II

1 **Beschrifte die Abbildung mit den passenden Begriffen. Die Einstieg hilft dir dabei.**

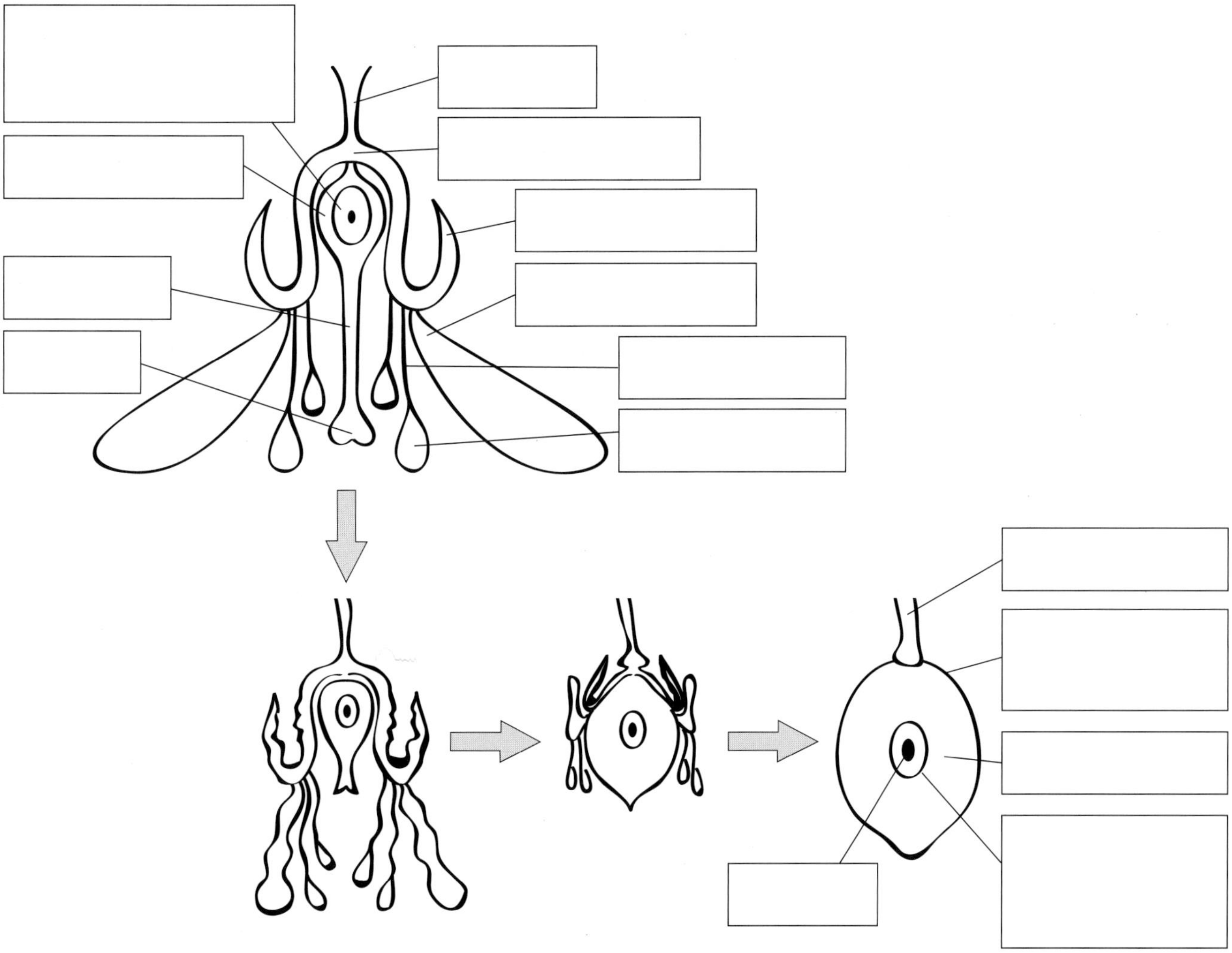

2 **Fülle den Lückentext aus.**

Fruchtfleisch – Narbe – Befruchtung – Stein – Kirschbaum – äußeren Fruchtschale – Kronblätter – Staubblätter – Staubfaden – Griffel – verdickt – Fruchtknoten – Samen – inneren Fruchtschale – Staubbeutel

Die Blüte verändert sich nach der ______________. Die ______________ welken und fallen ab. Die ______________, die aus ______________ und ______________ bestehen, bilden sich zurück. Die __________ und der __________ vertrocknen und der Fruchtknoten __________ sich. Der ______________ mit dem __________ wird immer größer. Aus diesem entwickelt sich die Frucht mit der ____________________, dem saftigen ______________ und der ____________________, dem __________.
In dem Stein befindet sich der Samen, aus dem sich ein ______________ entwickeln kann.

Von der Blüte zur Frucht III

1 **Erkläre in eigenen Worten und unter Verwendung der Fachbegriffe, wie sich aus einer Blütenpflanze eine Frucht entwickelt.**

2 **Nenne die weiblichen und männlichen Blütenbestandteile.**

♀

♂

3 **a) Nenne die Bestandteile der Frucht, die wir essen.**

b) Nenne die Bestandteile der Frucht, die wir NICHT essen.

Wechselbeziehungen zwischen Blüten und Insekten – Einstieg

Im Frühling und Sommer locken viele Blüten mit auffälligen Farben ihrer Kronblätter Insekten, wie Hummeln, Bienen und Schmetterlinge, an.

Im Blüteninneren befindet sich am Blütenboden ein süßer Saft, der Nektar. Dieser ist die Nahrung für die Insekten.

Während sie den Nektar aus der Blüte saugen, streifen sie mit ihrem Körper die Pollen ab, die sich in den Staubbeuteln befinden. Sie befindet sich nun im Haarpelz der Insekten.
Die Insekten fliegen danach zu einer anderen Blüte und saugen auch aus dieser den Nektar. Nun passiert es: Die am Haarpelz anhaftenden Pollen gelangen auf die klebrige Narbe des Stempels. Dieser Vorgang wird Bestäubung genannt.

Wenn ein Insekt entdeckt hat, dass sich zum Beispiel in einer Rapsblüte Nektar befindet, fliegt es zukünftig nur Rapsblüten an. Es fliegt zwischendurch nicht noch zu anderen Blüten, sondern bestäubt ausschließlich den Raps.
Diese Vorliebe für eine bestimmte Blütenart nennt man Blütenstetigkeit. Dadurch wird erreicht, dass Rapsblüten immer nur durch Rapspollen bestäubt werden. Dies ist von großer Bedeutung, da keine Früchte entstehen wenn zwei unterschiedliche Arten miteinander bestäubt werden.

Ordne den Bildern die passende Beschreibung zu, indem du sie miteinander verbindest.

Die Biene fliegt mit den Pollen am Haarpelz zur nächsten Blüte.

Die Biene wird von der Farbe der Kronblätter und vom Duft des Nektars angelockt.

Die Biene trinkt den Nektar der Blüte. Dabei gelangen die Pollen der anderen Blüte von ihrem Haarpelz auf die klebrige Narbe dieser Blüte. Die Blüte ist nun bestäubt.

Die Biene trinkt den Nektar und nimmt dabei die Pollen in ihrem Haarpelz auf.

Wechselbeziehungen zwischen Blüten und Insekten I

1 **Schreibe auf, was unter der Bestäubung zu verstehen ist.**

____

____

2 **Erkläre den Begriff Blütenstetigkeit.**

____

____

____

3 **Lies die Aussagen und kreuze an, ob sie richtig oder falsch sind.**
Die angekreuzten Buchstaben ergeben ein Lösungswort

Aussage	richtig	falsch
Im Winter blühen viele Blumen.		
Insekten werden durch die auffällige Farbe der Kelchblätter angelockt.		
Am Blütenboden befindet sich ein süßer Saft, der Nektar genannt wird.		
Während die Insekten den Nektar trinken, gelangen Pollen in ihr Haarpelz.		
Die Pollen kommen von den Staubbeuteln der Blüte.		
Auch aus nicht bestäubten Blüten kann sich eine Frucht entwickeln.		

Das Lösungswort lautet: ____________

Wechselbeziehungen zwischen Blüten und Insekten II

1 **Schreibe auf, was unter der Bestäubung zu verstehen ist.**

2 **Erkläre den Begriff Blütenstetigkeit.**

3 **Schreibe auf, warum die Blütenstetigkeit von großer Bedeutung für die Pflanzen ist.**

4 **Insekten und Blüten stehen in einer Wechselbeziehung zueinander. Erkläre, warum sie sich gegenseitig brauchen.**

5 **Erkläre, warum Bienen wichtige Nutztiere für uns Menschen sind.**

Wechselbeziehungen zwischen Blüten und Insekten III

1 **Schreibe auf, was unter der Bestäubung zu verstehen ist.**

2 **Erkläre den Begriff Blütenstetigkeit und schreibe ihre Bedeutung für die Pflanzen auf.**

3 **Erkläre, warum Insekten und Blüten in einer Wechselbeziehung zueinander stehen.**

4 **a) Nenne drei Honigsorten.**

b) Begründe, warum ein Imker unterschiedliche Honigsorten anbieten kann.

Beweglich durch Gelenke und Muskeln – Einstieg

Die Knochen unseres Körpers sind durch Gelenke verbunden, dadurch ist unser Skelett beweglich. Damit sich unser Körper aber so bewegen kann, wie wir es kennen, benötigen wir Muskeln und Sehnen.

Gelenkarten

Es gibt verschiedene Gelenkarten, die unterschiedliche Bewegungen ermöglichen.

Aufbau eines Gelenkes

Die Enden der **Knochen**, die ein Gelenk bilden, sind mit **Gelenkknorpel** überzogen und von **Gelenkschmiere** umgeben. Dies verhindert, dass die beiden Knochenende aufeinander reiben. Umschlossen wir das Gelenk von der schützenden **Gelenkkapsel** aus zäher Haut.

1 **Beschrifte die Abbildung mit den fettgedruckten Wörtern aus dem Text.**

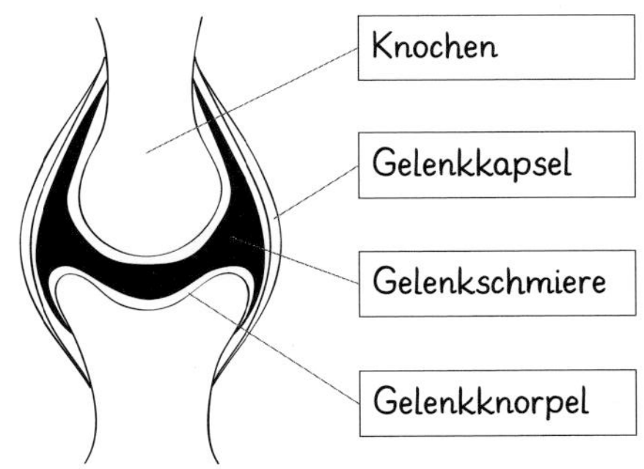

Muskeln und Sehnen

Die äußere Schicht des Muskels ist die **Muskelhaut**. Im Inneren des Muskels befinden sich mehrere **Muskelfaserbündel**. Diese bestehen wiederum aus vielen einzelnen **Muskelfasern**. **Sehnen** verbinden den Muskeln mit den **Knochen**.

2 **Beschrifte die Abbildung mit den fettgedruckten Wörtern aus dem Text.**

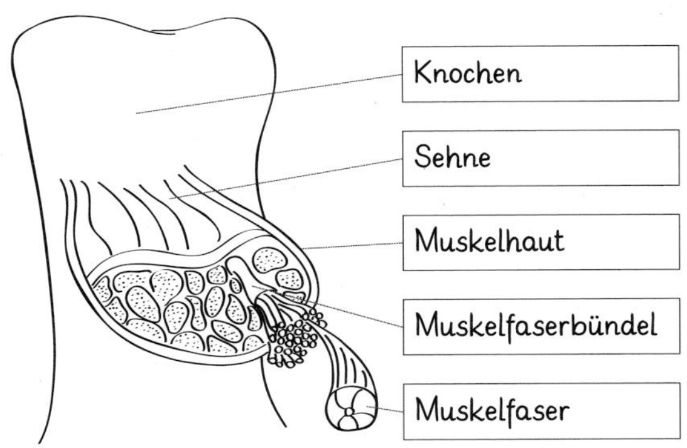

Beweglich durch Gelenke und Muskeln I

1 **a) Schreibe die vier Gelenkarten auf.**

1. Kugelgelenk
2. Scharniergelenk
3. Sattelgelenk
4. Drehgelenk

b) Schreibe über jedes Bild die passende Gelenkart.

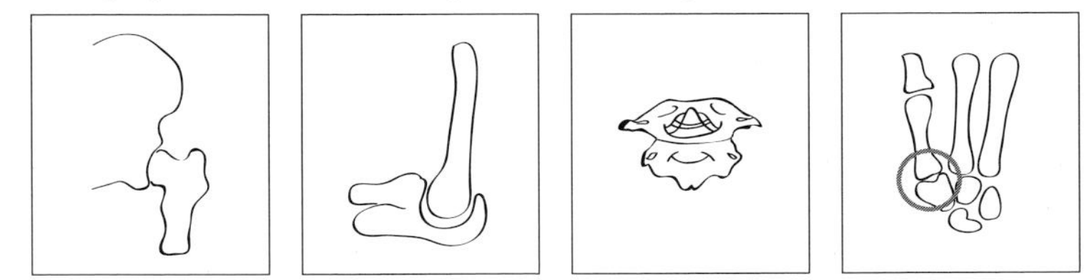

2 **Schreibe drei Körperstellen auf, an denen du deine Muskeln spüren kannst.**

Beispiellösungen

1. Oberarm
2. Wade
3. Oberschenkel

3 **Kreuze an, ob die Aussage richtig oder falsch ist.**

Aussage	richtig	falsch
Sehnen verbinden Muskeln und Knochen miteinander.	X	
Die innere Schicht eines Muskels ist die Muskelhaut.		X
Im Muskelinneren befinden sich Muskelfaserpakete.		X
Viele Muskelfasern bilden ein Muskelfaserbündel.	X	
Muskeln lassen sich trainieren und somit stärken.	X	
Muskeln sind für die Bewegung des Menschen unwichtig.		X

Beweglich durch Gelenke und Muskeln II

1 **a) Ordne den Bildern die passende Gelenkart zu und schreibe sie über das Bild.**
b) Schreibe den Namen des Gelenkes unter das Bild (Halswirbelgelenk, Hüftgelenk, Daumengelenk, Kniegelenk).

Kugelgelenk	Sattelgelenk	Scharniergelenk	Drehgelenk
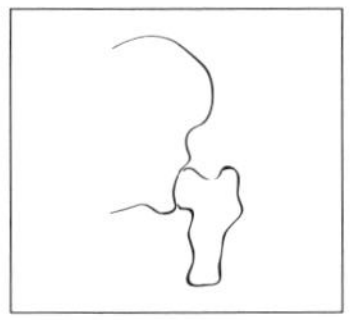	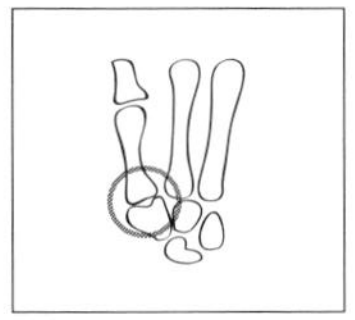	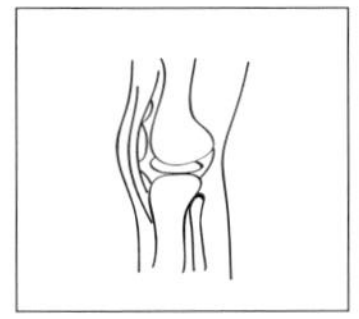	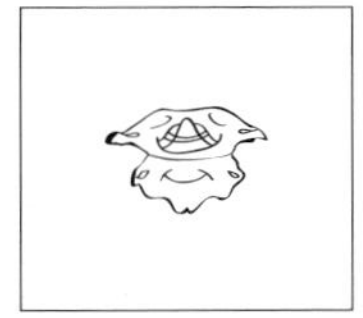
Hüftgelenk	Daumengelenk	Kniegelenk	Halswirbelgelenk

2 **a) Zeichne in den schwarzen Rahmen das Schema eines Gelenkes.**
b) Beschrifte deine Zeichnung mit den Begriffen aus dem Kasten und male sie entsprechend aus.

Knochen (grau) – Gelenkknorpel (grün) – Gelenkkapsel (rot) – Gelenkschmiere (blau)

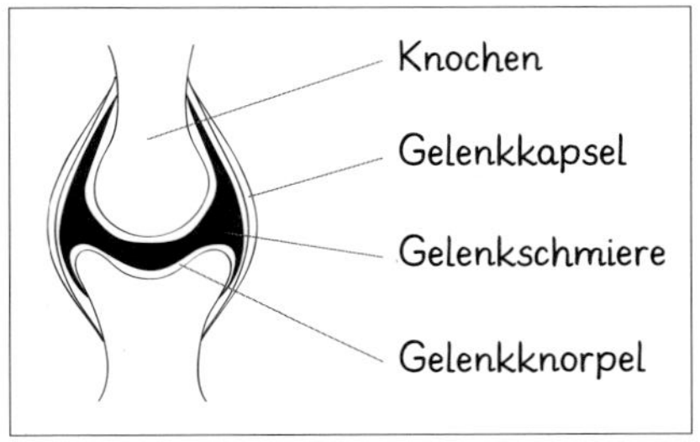

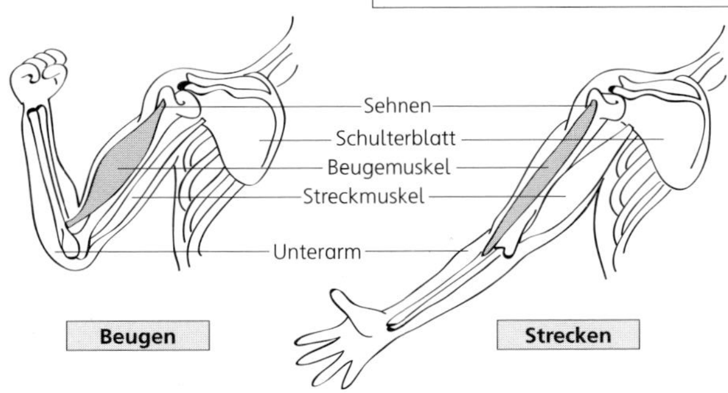

3 **Umfasse deinen Oberarm. Winkle den Unterarm an und strecke ihn wieder. Schreibe auf, was du in deinem Oberarm spürst.**

Wenn ich den Unterarm anwinkle, wird der Oberarmmuskel durch die Aktivität des Beugemuskels dicker. Strecke ich den Unterarm, spüre ich, wie der Streckmuskel dicker wird.

Beweglich durch Gelenke und Muskeln III

1 **Ordne den Körperstellen die passende Gelenkart zu.**

Daumen – Sattelgelenk
Schulter – Kugelgelenk
Knie – Scharniergelenk
Halswirbel – Drehgelenk
Hüfte – Kugelgelenk
Ellenbogen – Scharniergelenk

2 **Zwischen den Gelenkknorpeln befindet sich die Gelenkschmiere. Erkläre ihre Funktion.**

Die Gelenkschmiere verhindert, dass die Gelenkknorpel der Knochen aufeinander reiben. Dies wäre sehr schmerzhaft und würde Bewegungen unerträglich machen.

3 **Zwei Muskeln arbeiten immer zusammen, der Beugemuskel und der Streckmuskel. Sieh dir die Zeichnung an und beschreibe, wie sich die Muskeln beim Beugen und Strecken des Armes verändern.**

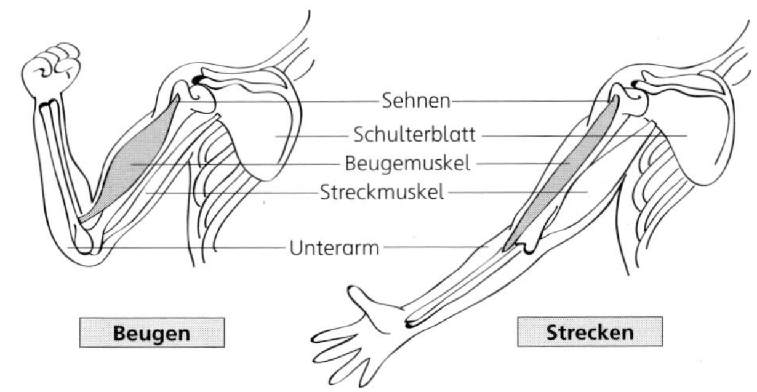

Wird der Arm gebeugt, ist der **Beugemuskel** angespannt und dick.
Der **Streckmuskel** ist entspannt und schmal.
Wird der Arm gestreckt, ist der **Streckmuskel** angespannt und dick.
Der **Beugemuskel** ist entspannt und schmal.
Die beiden Muskeln arbeiten zusammen, wenn der eine Muskel angespannt ist, ist der andere entspannt und umgekehrt.

Haltungsschäden vermeiden – Einstieg

Erwachsene sagen oft: „Lauf nicht so krumm!" oder „Setz dich gerade hin!"
Warum hört man diese Aussagen so häufig?
Die Hauptstütze unseres Skeletts ist die Wirbelsäule. Sie ist doppelt s-förmig gebogen und kann dadurch Stöße gut abfedern. Sie besteht aus 34 Wirbeln, von denen fünf Kreuzbeinwirbel und fünf Steißbeinwirbel jeweils miteinander verschmolzen und damit unbeweglich sind.

1 **Male die einzelnen Abschnitte der Wirbelsäule unterschiedlich aus und ergänze durch Zählen die Anzahl der Wirbel. Trage die Zahlen in die Kästchen ein.**

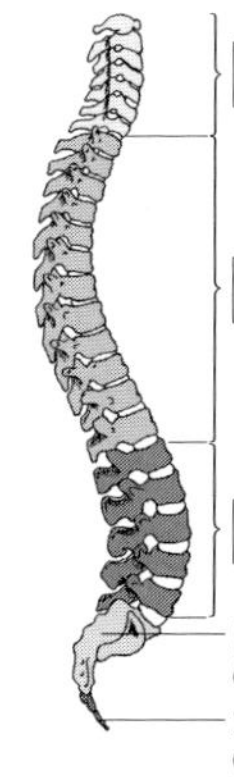

7 Halswirbel
12 Brustwirbel
5 Lendenwirbel
Kreuzbein (5 Kreuzbeinwirbel)
Steißbein (5 Steißbeinwirbel)

Die einzelnen Wirbel bestehen aus dem Wirbelkörper und dem Dornfortsatz. Zwischen den Wirbeln liegen die Bandscheiben. Diese sind elastische Knorpelscheiben, die als „Stoßdämpfer" zwischen den Wirbelkörpern liegen. Wenn du über deine Wirbelsäule streichst, spürst du die Dornfortsätze der Wirbel.
Innerhalb der Wirbelsäule verläuft das Rückenmark. Es leitet Informationen vom Gehirn an den Körper und umgekehrt.

2 **Male die Wirbel blau, die Bandscheiben rot und das Rückenmark gelb aus.**

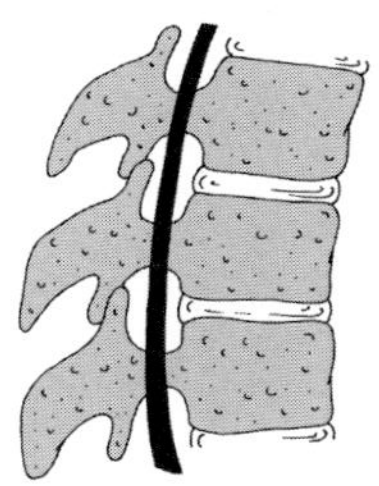

Die Wirbel sind grau dargestellt.
Die Bandscheiben sind weiß dargestellt.
Das Rückenmark ist schwarz dargestellt.

Die Wirbelsäule wird mithilfe der Rückenmuskulatur aufrecht gehalten. Sitzt man häufig krumm oder trägt oft zu schwer entstehen Haltungsschäden, die sehr schmerzhaft sein können.

Haltungsschäden vermeiden I

1 **Ergänze die Lücken mit den richtigen Begriffen aus dem Kasten.**

Haltungsschäden – s-förmig – Rückenmark – Lendenwirbeln – Steißbein – 12 – Halswirbeln – 34 – Bandscheiben

Die menschliche Wirbelsäule besteht aus 34 Wirbeln und ist doppelt s-förmig gebogen. Die einzelnen Abschnitte der Wirbelsäule bestehen aus 7 Halswirbeln, 12 Brustwirbeln, 5 Lendenwirbeln, dem Kreuzbein und dem Steißbein.
Zwischen den Wirbelkörpern liegen die Bandscheiben als Stoßdämpfer.
Das Rückenmark leitet Informationen vom Gehirn an den Körper und umgekehrt.
Krummes Sitzen und falschen Tragen schwerer Gegenstände führen zu Haltungsschäden.

2 **a) Streiche die ungesunde Haltung durch und male die gesunde Haltung bunt aus.**

b) Notiere drei Tipps, um Haltungsschäden zu vermeiden. *Lösungsbeispiele*

– Sport treiben, dabei die Rücken- und Bauchmuskulatur trainieren.
– Gerade am Schreibtisch sitzen.
– Einen Rucksack statt einer Tasche tragen.
– Nicht zu schwer tragen.
– Beim Heben schwerer Gegenstände in die Knie gehen.

Haltungsschäden vermeiden II

1 **Ergänze die Lücken mit den richtigen Begriffen.**

Die menschliche Wirbelsäule besteht aus 34 Wirbeln und ist doppelt s-förmig gebogen. Die einzelnen Abschnitte der Wirbelsäule bestehen aus 7 Halswirbeln, 12 Brustwirbeln, 5 Lendenwirbeln, dem Kreuzbein und dem Steißbein.

Zwischen den Wirbelkörpern liegen die Bandscheiben als Stoßdämpfer.

Das Rückenmark leitet Informationen vom Gehirn an den Körper und umgekehrt.

Krummes Sitzen und falschen Tragen schwerer Gegenstände führen zu Haltungsschäden.

2 **Betrachte die Zeichnungen und begründe in den abgebildeten Situationen, welche die falsche und ungesunde und welche die richtige und gesunde Haltung ist.**

richtig: Das Kind trägt einen Rucksack. Die Wirbelsäule ist gleichmäßig belastet.

falsch: Das Kind trägt die Tasche auf einer Seite. Es belastet seine Wirbelsäule einseitig.

richtig: Das Kind sitzt aufrecht am Tisch. Die Wirbelsäule ist gleichmäßig belastet.

falsch: Das Kind sitzt mit einem Buckel am Schreibtisch. Die Wirbelsäule ist in dieser Position krumm.

richtig: Die Kraft kommt dabei aus den Beinen, dies ist schonend für die Wirbelsäule.

falsch: Das Kind hebt aus seinem Rücken. Die Last belastet daher stark die Wirbelsäule.

3 **Notiere drei Tipps, um Haltungsschäden zu vermeiden.** *Lösungsbeispiele*

– Sport treiben, dabei die Rücken- und Bauchmuskulatur trainieren.
– Gerade am Schreibtisch sitzen.
– Einen Rucksack statt eine Tasche tragen.

Haltungsschäden vermeiden III

1 **Ergänze die Lücken mit den richtigen Begriffen.**

Die menschliche Wirbelsäule besteht aus 34 Wirbeln und ist doppelt s-förmig gebogen. Die einzelnen Abschnitte der Wirbelsäule bestehen aus 7 Halswirbeln, 12 Brustwirbeln, 5 Lendenwirbeln, dem Kreuzbein und dem Steißbein.

Zwischen den Wirbelkörpern liegen die Bandscheiben als Stoßdämpfer.

Das Rückenmark leitet Informationen vom Gehirn an den Körper und umgekehrt.

Krummes Sitzen und falschen Tragen schwerer Gegenstände führen zu Haltungsschäden.

2 **Auf den Abbildungen kannst du die häufigsten Verformungen der Wirbelsäule erkennen.**

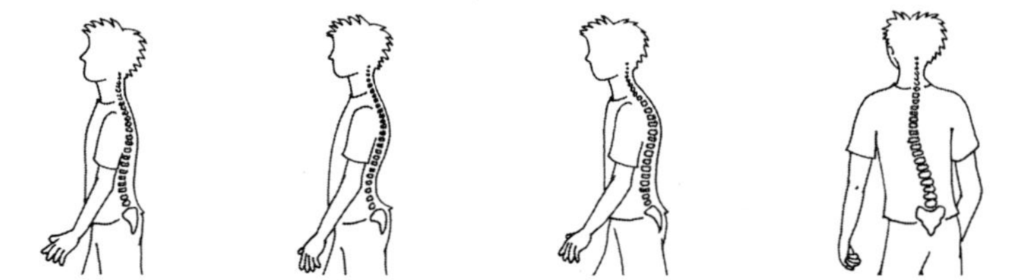

① normale Haltung ② Hohlkreuz ③ Rundrücken ④ seitliche Verkrümmung

a) Beschreibe die Haltungsschäden.

2. Hohlkreuz: Übertriebene Krümmung im Bereich der Lendenwirbelsäule, bei der sich die Bauchpartie nach vorn wölben kann.
3. Rundrücken: Die Brustwirbelsäule ist verstärkt nach hinten gekrümmt.
4. Seitliche Verkrümmung der Wirbelsäule

b) Vermute, was bei den beschriebenen Haltungsschäden mit den Bandscheiben passieren kann.

Die Haltungsschäden können sich negativ auf die Bandscheiben auswirken. Diese können gequetscht und abgenutzt werden. Besonders schmerzhaft wird es für die Person, wenn Bandscheiben zwischen den Wirbeln rausrutschen.

Der menschliche Körper – Einstieg

1 a) **Beschrifte die Abbildung mit den Begriffen aus dem Kasten.**

Kopf – Zwerchfell – Auge – Hals – Magen – Zunge – Oberschenkel – Gehirn – Fuß – Oberarm – Lunge – Herz – Ohr – Unterschenkel – Darm – Unterarm – Nase – Leber – Hand

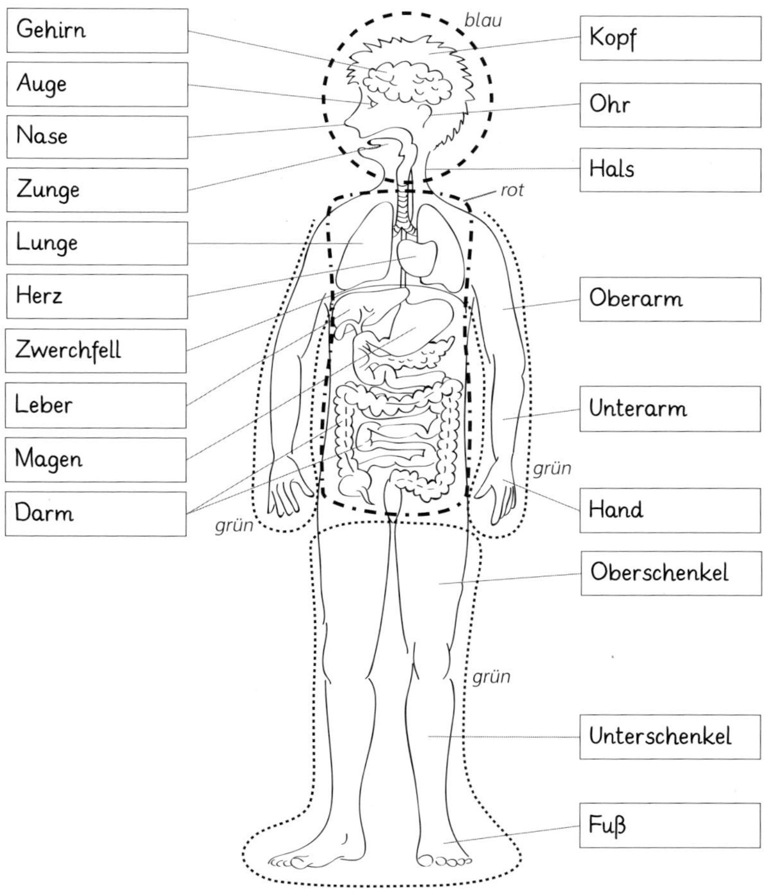

b) **Der menschliche Körper gliedert sich in drei Bereiche. Kreise die Abschnitte folgendermaßen ein:**

Kopf – blau; Rumpf – rot: Gliedmaßen – grün

Der menschliche Körper I

1 **Fülle den Lückentext aus.**

Herz – Hals – Kopf – Leber – Ohren – Gliedmaßen – Augen – Bauchraum – Darm – Nase – Lunge – Zunge – Magen – Brustraum

Der menschliche Körper

Der menschliche Körper gliedert sich in drei Teile: Kopf, Rumpf und Gliedmaßen.

Im Kopf befinden sich die wichtigsten Sinnesorgane. Hierzu zählen Zunge, Nase, Augen und die Ohren. Ebenso befindet sich hier auch das Gehirn, welches das Nervensystem steuert. Der Hals verbindet den Kopf mit dem Rumpf. Im Rumpf befinden sich die inneren Organe. Durch das Zwerchfell erfolgt eine Trennung in Brustraum und Bauchraum. Im Brustraum befinden sich Herz und Lunge. Im Bauchraum liegen der Darm, die Leber und der Magen. Arme und Beine sind unsere Gliedmaßen. Sie sind mit dem Rumpf beweglich verbunden.

2 a) **Schreibe die zwei Organe auf, die sich im Brustraum befinden.**

Das Herz und die Lunge.

b) **Schreibe die drei Organe auf, die sich im Bauchraum befinden.**

Der Magen, die Leber und der Darm.

3 a) **Schreibe auf, in welche drei Teile sich Arme gliedern.**

Die Arme gliedern sich in Oberarme, Unterarme und Hände.

b) **Schreibe auf, in welche drei Teile sich Beine gliedern.**

Die Beine gliedern sich in Oberschenkel, Unterschenkel und Füße.

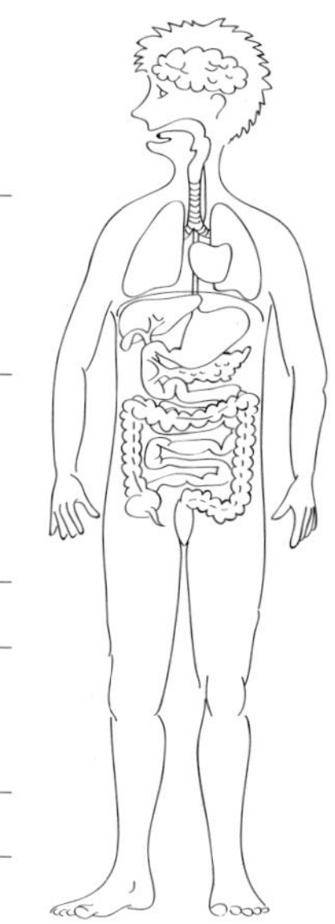

Der menschliche Körper II

1 **Fülle den Lückentext aus.**

Herz – Hals – Kopf – Leber – Ohren – Gliedmaßen – Augen – Bauchraum – Darm – Nase – Lunge – Zunge – Magen – Brustraum

Der menschliche Körper

Der menschliche Körper gliedert sich in drei Teile: Kopf, Rumpf und Gliedmaßen. Im __Kopf__ befinden sich die wichtigsten Sinnesorgane. Hierzu zählen __Zunge__, __Nase__, __Augen__ und die __Ohren__. Ebenso befindet sich hier auch das Gehirn, das das Nervensystem steuert. Der __Hals__ verbindet den Kopf mit dem Rumpf. Im Rumpf befinden sich die inneren Organe. Durch das Zwerchfell erfolgt eine Trennung in __Brustraum__ und __Bauchraum__. Im Brustraum befinden sich __Herz__ und __Lunge__. Im Bauchraum liegen der __Darm__, die __Leber__ und der __Magen__. Arme und Beine sind unsere __Gliedmaßen__. Sie sind mit dem Rumpf beweglich verbunden.

2 **Welche Organe befinden sich im Brustraum und welche im Bauchraum?**

Im Brustraum befinden sich das Herz und die Lunge. Im Bauchraum befinden sich der Magen, die Leber und der Darm.

3 **In welche Teile gliedern sich Arme und Beine?**

Die Arme gliedern sich in Oberarme, Unterarme und Hände. Die Beine gliedern sich in Oberschenkel, Unterschenkel und Füße.

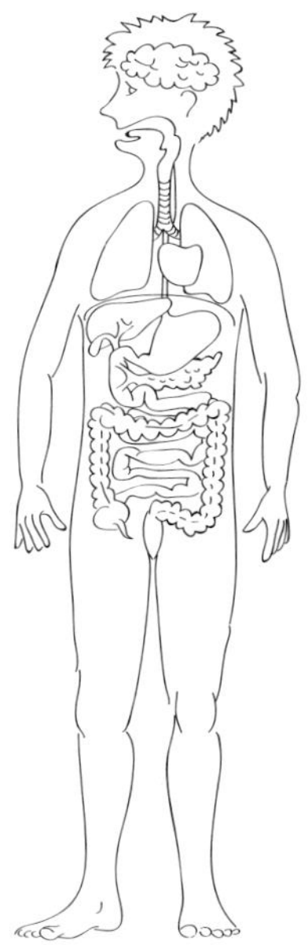

Der menschliche Körper III

1 **Nenne die drei Bereiche aus denen der Körper äußerlich besteht und ordne ihnen Organe und Körperteile zu.**

Kopf: Gehirn, Auge, Nase, Ohren und Zunge.

Rumpf: Lunge, Herz, Zwerchfell, Leber, Magen und Darm.

Gliedmaßen: Oberarme, Unterarme, Hände, Oberschenkel, Unterschenkel und Füße.

2 **a) Nenne Organe, die im Hals liegen.**

Luftröhre, Speiseröhre, Kehlkopf und Schilddrüse.

b) Schreibe die Funktion des Halses auf.

Der Hals verbindet den Kopf mit dem Rumpf.

3 **a) Schreibe die Sinnesorgane auf und ordne ihnen die passenden Sinne aus dem Kasten zu.**

Geschmackssinn, Gehörsinn, Geruchssinn, Gesichtssinn

Auge: Gesichtssinn

Nase: Geruchssinn

Ohren: Gehörsinn

Zunge: Geschmackssinn

b) Notiere das noch fehlende Sinnesorgan und den dazugehörenden Sinn.

Haut: Tastsinn

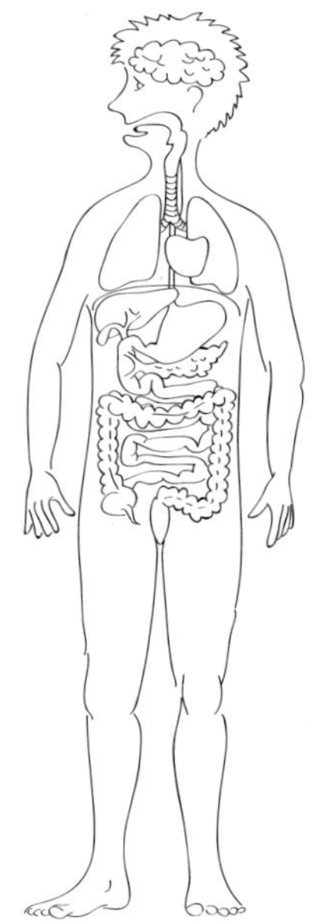

Die Nährstoffe der Nahrungsmittel – Einstieg

Nahrungsmittel dienen der menschlichen Ernährung. Sie enthalten die drei Nährstoffe Kohlenhydrate, Eiweiße und Fette. Auch Wasser, Vitamine und Mineralstoffe kommen in den Nahrungsmitteln vor.

Die Nährstoffe sind in unterschiedlicher Höhe in den Nahrungsmitteln enthalten und werden wie folgt eingeteilt:

Nährstoffe

Kohlenhydrate		Eiweiße		Fette	
Zucker	**Stärke**	**tierische**	**pflanzliche**	**tierische**	**pflanzliche**
Limonade Kuchen Schokolade Weintrauben	Kartoffeln Brot Reis Nudeln	Fleisch Fisch Eier Milch	Soja Bohnen Erbsen	Speck Butter Schmalz	Olivenöl Sonnen-blumenöl Nüsse

1 **Fülle die Lücken mit Hilfe des obenstehenden Bildes aus.**

Kohlenhydrate dienen dir als Energielieferanten. Sie werden in zucker haltige und stärke haltige eingeteilt. Zucker ist in Lebensmitteln enthalten, die süß schmecken. Zu ihm zählen Traubenzucker, Fruchtzucker und der Haushaltszucker.

Stärke befindet sich in Getreideprodukten und Kartoffeln.

Eiweiße werden in tierische und pflanzliche eingeteilt. Produkte vom Tier (Fleisch, Milch und Eier) und Produkte von Pflanzen (Soja und Erbsen) versorgen dich mit wichtigen Eiweißen. Alle menschlichen Zellen enthalten Eiweiß. Kinder haben einen höheren Eiweißbedarf als Erwachsene, weil sie noch wachsen.

Fette werden, wie die Eiweiße, in tierische und pflanzliche unterteilt. Tierisches Fett ist in Speck und Butter enthalten. Oliven- und Sonnenblumenöl sowie Nüsse enthalten ausschließlich pflanzliches Fett.

Kohlenhydrate und Fette geben dir Energie damit du denken, spielen und dich bewegen kannst. Doch Vorsicht: Fette liefern doppelt so viel Energie wie Kohlenhydrate. Aus diesem Grund solltest du mit fetthaltigen Nahrungsmitteln sparsam umgehen.
Überschüssige Fette werden als Fettpolster unter der Haut abgelagert und überschüssige Kohlenhydrate werden in Fette umgewandelt.

Die Nährstoffe der Nahrungsmittel I

1 **Kreise die Lebensmittel wie folgt ein:**

Kohlenhydrathaltige – rot
Eiweißhaltige – gelb
Fetthaltige – grün

Hinweis:
- *Kohlenhydrate: durchgezogene Linie*
- *Eiweiße: gestrichelte Linie*
- *Fette: gepunktete Linie*

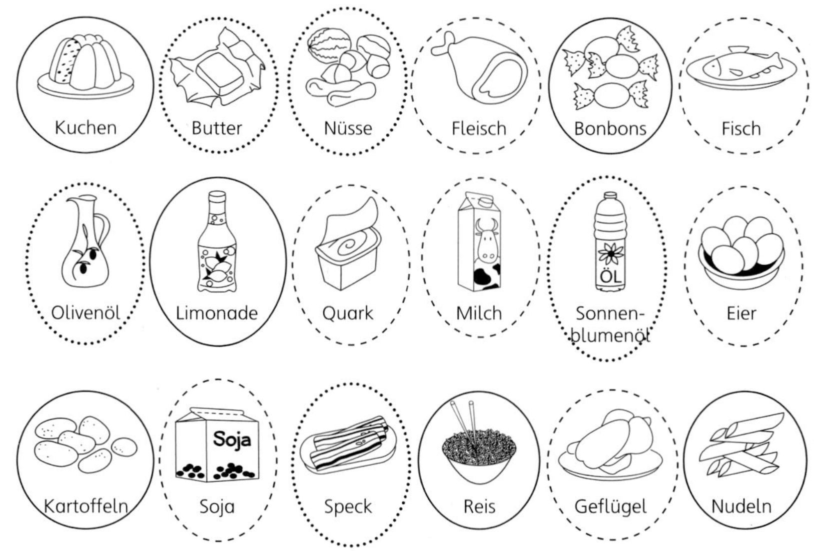

2 **Kinder haben bei einem Nährstoff einen höheren Bedarf als Erwachsene.**

a) Schreibe den Nährstoff auf.

Eiweiß.

b) Erkläre, warum das so ist.

Kinder befinden sich noch im Wachstum.

3 **Wasser oder Limonade? Erkläre, welches Getränk gesünder ist.**

In Limonade ist sehr viel Zucker enthalten. Zu viel Zucker ist ungesund für den Körper (Karies und Übergewicht). Deswegen ist Wasser gesünder als Limonade.

Die Nährstoffe der Nahrungsmittel II

1 **Kreise die Lebensmittel wie folgt ein:**

Kohlenhydrathaltige – rot
Eiweißhaltige – gelb
Fetthaltige – grün

Hinweis:
- *Kohlenhydrate: durchgezogene Linie*
- *Eiweiße: gestrichelte Linie*
- *Fette: gepunktete Linie*

2 a) **Kinder haben bei einem Nährstoff einen höheren Bedarf als Erwachsene. Nenne den Nährstoff und erkläre, warum dies so ist.**

Eiweiß, weil Kinder sich noch im Wachstum befinden.

b) **Ein Bauarbeiter und ein Kassierer haben einen unterschiedlichen Energiebedarf. Streiche die nicht passenden kursiv geschriebenen Wörter durch.**

Der Bauarbeiter hat einen *höheren*/~~*niedrigeren*~~ Energiebedarf als der Kassierer. Er verrichtet eine körperlich *anstrengendere*/~~*nicht so anstrengende*~~ Arbeit. Er kann deshalb ~~*weniger*~~/*mehr* Kohlenhydrate und *mehr*/~~*weniger*~~ Fett mit der Nahrung aufnehmen ohne an Gewicht zuzunehmen.

c) **Schreibe auf was passiert, wenn du mehr Nahrungsmittel (besonders kohlenhydrat- und fettreiche) zu dir nimmst als dein Körper braucht.**

Wenn man mehr Nahrung zu sich nimmt als der Körper benötigt, wird man mit der Zeit übergewichtig. Überschüssige Fette werden als Fettpolster unter der Haut abgelagert. Überschüssige Kohlenhydrate werden in Fette umgewandelt.

Die Nährstoffe der Nahrungsmittel III

1 **Nenne die Nährstoffe und ihre Einteilung. Nenne jeweils zwei Lebensmittel, in denen der Nährstoff in großer Menge enthalten ist.**

Kohlenhydrate
- zuckerhaltige: Limonade, Schokolade, …
- stärkehaltige: Brot, Nudeln, …

Eiweiße
- tierische: Fleisch, Fisch, …
- pflanzliche: Soja, Erbsen, …

Fette
- tierische: Speck, Butter, …
- pflanzliche: Olivenöl, Sonnenblumenöl, …

2 **Erkläre wie Übergewicht entsteht.**

Wenn man mehr Nahrung zu sich nimmt, als der Körper benötigt, wird man mit der Zeit übergewichtig. Überschüssige Fette werden als Fettpolster unter der Haut abgelagert. Überschüssige Kohlenhydrate werden in Fette umgewandelt.

3 **Begründe, ob ein Kassierer oder ein Bauarbeiter mehr Energie benötigt.**

Der Bauarbeiter benötigt mehr Energie als der Kassierer, da der Bauarbeiter körperlich anstrengendere Arbeit verrichtet und dabei viel Energie verbraucht.

4 **Begründe, ob es gesund ist, ganz auf fetthaltige Nahrungsmittel zu verzichten.**

Es ist nicht gesund, ganz auf fetthaltige Nahrungsmittel zu verzichten. Der Verzehr von Fetten in Maßen trägt auch zu einer gesunden Ernährung bei. Zudem ist Fett ein Energielieferant.

Der Weg der Nahrung durch den Körper – Einstieg

Mit den Verdauungsorganen wird die Nahrung zerkleinert, durch den Körper transportiert, verdaut und ausgeschieden.

1 Zeichne mit kleinen Pfeilen den Weg der Nahrung durch den Körper. Beginne beim Mund und ende beim After.

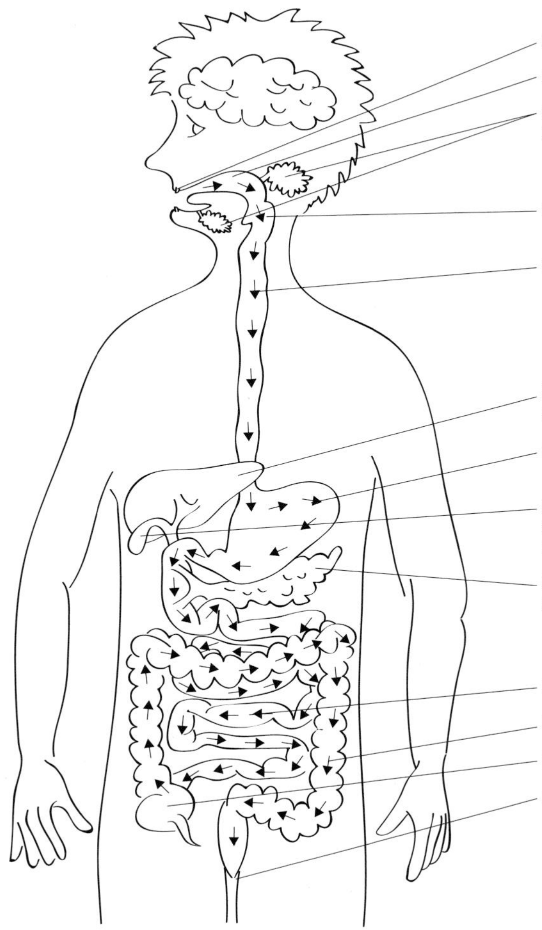

Der Weg der Nahrung durch den Körper I

1 **Ergänze den Lückentext mit den Begriffen aus dem Kasten.**

Magensaft – Dünndarm – Zähnen – Speicheldrüsen – After – Verdauung – Speisröhre – Dickdarm – Magen – Bauchspeicheldrüse – Leber

Die __Verdauung__ beginnt, wenn du mit deinen __Zähnen__ die Nahrung zerkaust. Dabei stellen die __Speicheldrüsen__ Speichel her. Der Speichel löst die Nahrung zum Teil auf und macht sie gleitfähig. Nach dem Schlucken gelangt die Nahrung in deine __Speiseröhre__. Am Ende der Speiseröhre gelangt der Nahrungsbrei in den __Magen__. Der Nahrungsbrei wird mit dem __Magensaft__ vermischt und bleibt ein paar Stunden im Magen. Danach geht es weiter in den __Dünndarm__. Die Verdauungssäfte, die von der __Bauchspeicheldrüse__ und __Leber__ hergestellt werden, spalten die Nahrung in kleinste Teilchen auf. Nur so können sie die durch die Dünndarmwand ins Blut abgegeben werden. Das Blut transportiert die Nährstoffe zu den Körperzellen. In den __Dickdarm__ werden die nicht brauchbaren Nahrungsreste befördert. Hier wird ihnen das Wasser entzogen. Der unverdauliche Rest wird als Kot durch den __After__ ausgeschieden.

2 **Speicheldrüsen, Leber und Bauchspeicheldrüse stellen Verdauungssäfte her. Male die drei Organe grün aus.**

(Hier dunkelgrau eingezeichnet.)

3 **Die Nahrung wird von folgenden Organen durchlaufen: Mundhöhle, Rachen, Speiseröhre, Magen, Dünndarm, Dickdarm und After. Male die sieben Organe rot aus.**

(Hier hellgrau eingezeichnet.)

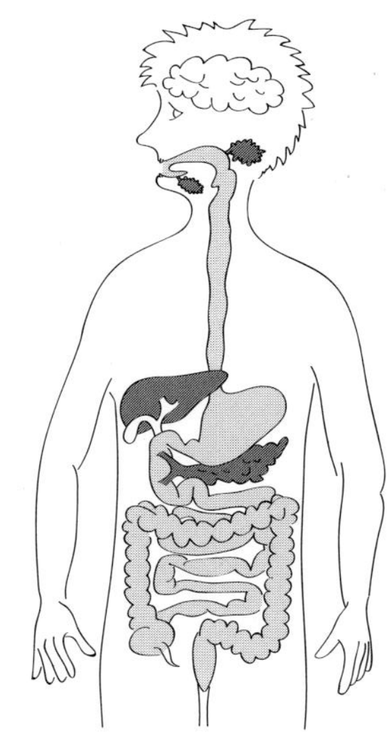

Der Weg der Nahrung durch den Körper II

1 **Ergänze den Lückentext mit den Begriffen aus dem Kasten.**

Dünndarm – Magen – Leber – Speiseröhre – Dickdarm – After – Zähne – Bauchspeicheldrüse – Magen – Speicheldrüsen

Mithilfe der Zähne wird die Nahrung zerkleinert. Die Speicheldrüsen produzieren den Speichel. Durch den Speichel wird die Nahrung zum Teil zersetzt und gleitfähig gemacht. Nach dem Schlucken gelangt die Nahrung in die Speiseröhre. Von dort aus gelangt der Nahrungsbrei in den Magen.
Der Brei bleibt einige Stunden im Magen und wird mit dem Magensaft vermischt.
Danach geht es weiter in den ca. 5 Meter langen Dünndarm. Die Verdauungssäfte von Bauchspeicheldrüse und Leber spalten die Nahrung in kleinste Teilchen auf. Nur so können diese durch die Dünndarmwand ins Blut abgegeben werden.
Der Blutstrom transportiert die Nährstoffe zu den Körperzellen. Der nicht verwertbare Rest wird in den Dickdarm befördert. Hier wird den Abfallstoffen das Wasser entzogen.
Der unverdauliche Rest wird als Kot durch den After ausgeschieden.

2 **a) Nenne die Organe, die Verdauungssäfte produzieren.**

Speicheldrüsen, Leber, Bauchspeicheldrüse

b) Male die Organe aus a) in der rechten Zeichnung grün aus.

c) Nenne die Organe, die von der Nahrung durchlaufen werden.

Mundhöhle, Rachen, Speiseröhre, Magen, Dünndarm, Dickdarm, After

d) Male die Organe aus c) in der rechten Zeichnung rot aus.

In der Lösung sind die grünen Bereiche dunkelgrau und die roten Bereiche hellgrau dargestellt.

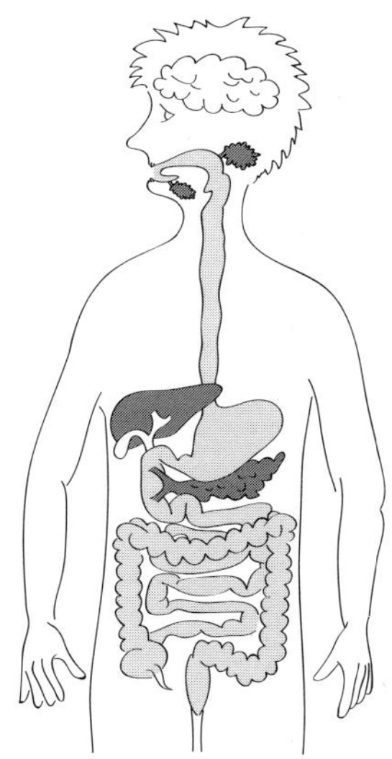

Der Weg der Nahrung durch den Körper III

1 **Ergänze den Lückentext.**

Mithilfe der Zähne wird die Nahrung zerkleinert. Die Speicheldrüsen produzieren den Speichel. Durch den Speichel wird die Nahrung zum Teil zersetzt und gleitfähig gemacht. Nach dem Schlucken gelangt die Nahrung in die Speiseröhre. Von dort aus gelangt der Nahrungsbrei in den Magen.
Der Brei bleibt einige Stunden im Magen und wird mit dem Magensaft vermischt.
Danach geht es weiter in den ca. 5 Meter langen Dünndarm. Die Verdauungssäfte von Bauchspeicheldrüse und Leber spalten die Nahrung in kleinste Teilchen auf. Nur so können diese durch die Dünndarmwand ins Blut abgegeben werden.
Der Blutstrom transportiert die Nährstoffe zu den Körperzellen. Der nicht verwertbare Rest wird in den Dickdarm befördert. Hier wird den Abfallstoffen das Wasser entzogen.
Der unverdauliche Rest wird als Kot durch den After ausgeschieden.

2 **a) Nenne die Organe, die Verdauungssäfte produzieren.**

Speicheldrüsen, Leber, Bauchspeicheldrüse

b) Male die Organe aus a) in der rechten Zeichnung grün aus.

c) Nenne die Organe, die von der Nahrung durchlaufen werden.

Mundhöhle, Rachen, Speiseröhre, Magen, Dünndarm, Dickdarm, After

d) Male die Organe aus c) in der rechten Zeichnung rot aus.

In der Lösung sind die grünen Bereiche dunkelgrau und die roten Bereiche hellgrau dargestellt.

3 **„Gut gekaut ist halb verdaut." Erkläre dieses Sprichwort ausführlich.**

Im Mund beginnt bereits die Verdauung. Je länger und gründlicher die Nahrung mit den Zähnen zerkleinert wird, desto besser kann sie von dem Magensaft im Magen weiter verdaut werden.

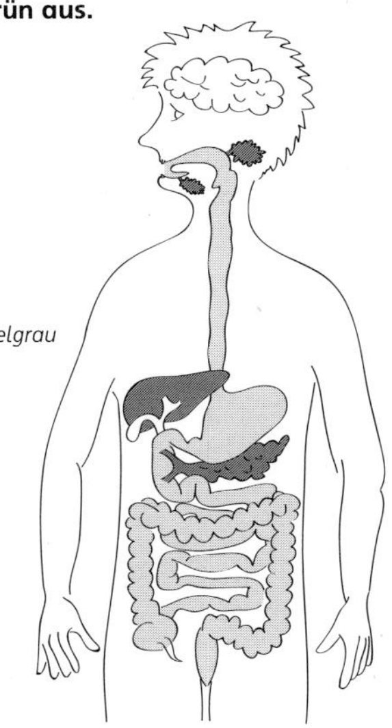

Lösungen

Der Weg der Atemluft – Einstieg

Male die Blutgefäße der Lungenbläschen in dem dritten Bild „Der Gasaustausch" an: sauerstoffreiches Blut rot und kohlenstoffdioxidreiches Blut blau.

Der Weg der Atemluft

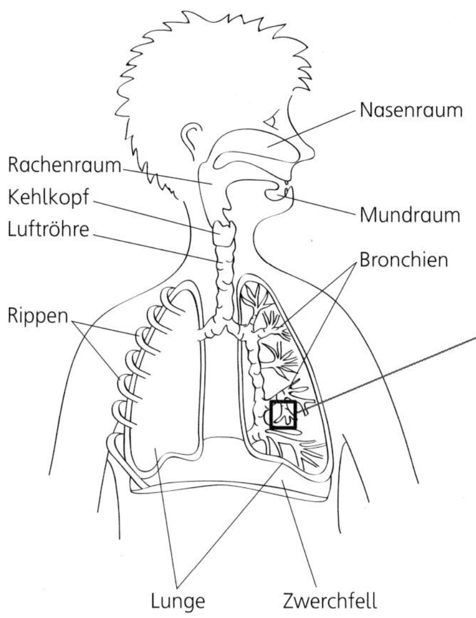

Bronchien und Lungenbläschen

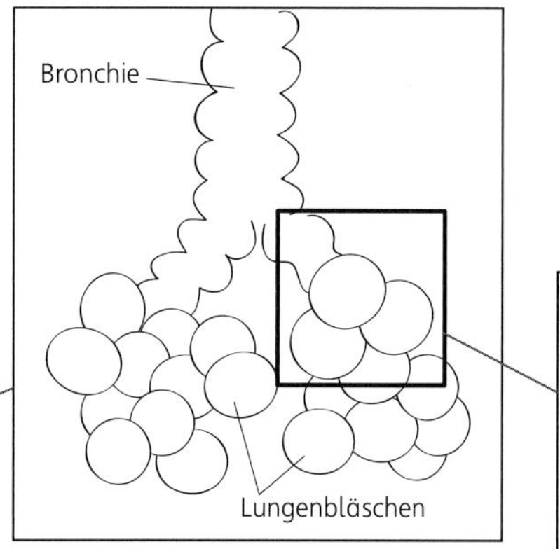

Der Gasaustausch

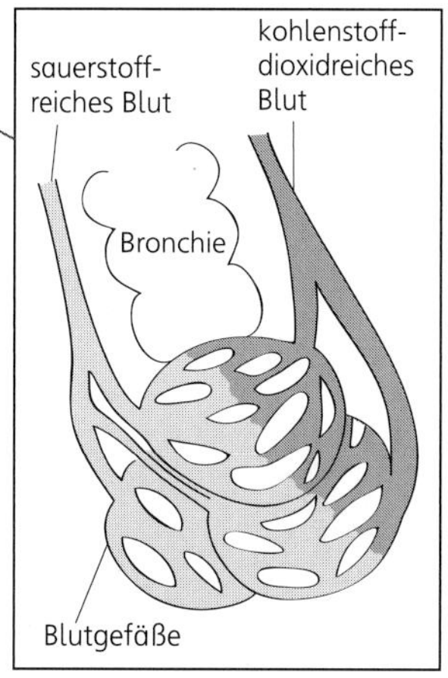

Hinweis zur Lösung: Sauerstoffreiches Blut ist hellgrau und kohlenstoffdioxidreiches Blut ist dunkelgrau dargestellt.

21

Der Weg der Atemluft I

1 Ergänze den Lückentext mit den Begriffen aus dem Kasten.

Kehlkopf – Nasenhaaren – Lungenbläschen – Luftröhre – Rachen – Nase – Bronchien – Lunge – Lungenflügeln – Kehldeckel – Mund

Die Luft wird durch den Mund und die Nase eingeatmet. Beim Atmen durch die Nase wird die Luft angefeuchtet, erwärmt und gereinigt. Kleine Staubteilchen bleiben in den Nasenhaaren hängen. Über den Rachen gelangt die Luft in die Luftröhre. An der Spitze der Luftröhre sitzt der Kehlkopf, ohne den wir nicht sprechen und singen könnten. Neben der Luftröhre liegt die Speiseröhre. Der Kehldeckel legt sich beim Schlucken auf die Luftröhre, damit kein Speichel oder Essen in die Luftröhre gelangt. Im Brustraum teilt sich die Luftröhre in zwei Bronchien auf. Bronchien sehen aus wie die Äste eines Baumes. Durch diese Äste strömt die Luft in die Lunge. Diese besteht aus zwei Lungenflügeln. Hier werden die Ästchen immer feiner. Am Ende der Bronchien befinden sich die Lungenbläschen. In ihnen wird der Sauerstoff aufgenommen und das Kohlenstoffdioxid abgegeben.

2 Beschrifte den Weg, den die Atemluft nimmt.

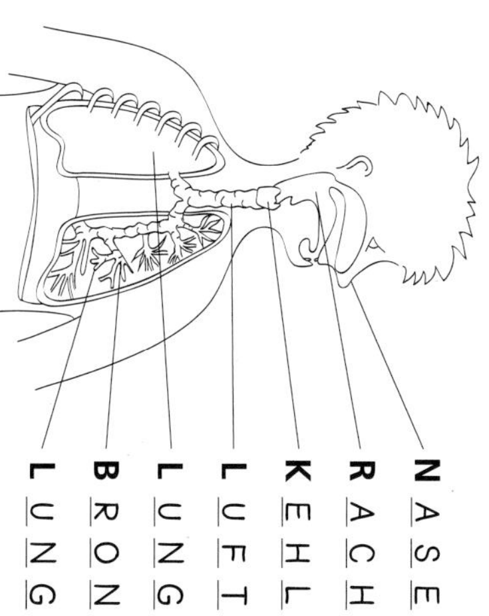

N A S E
R A C H E N
K E H L K O P F
L U F T R Ö H R E
L U N G E N F L Ü G E L
B R O N C H I E N
L U N G E N B L Ä S C H E N

3 Schreibe die Aufgaben der Nase beim Atmen auf.

Beim Atmen durch die Nase wird die Luft angefeuchtet, erwärmt und gereinigt. Kleine Staubteilchen bleiben in den Nasenhaaren hängen.

22

Der Weg der Atemluft II

1 **Ergänze den Lückentext mit den Begriffen aus dem Kasten.**

Rippen – Kehlkopf – Brustatmung – Nasenhaaren – Lungenbläschen – Bauchatmung – Luftröhre – Rachen – Nase – Bronchien – Lunge – Lungenflügeln – Kehldeckel – Mund – Zwerchfell

Die Luft wird durch den Mund und die Nase eingeatmet. Beim Atmen durch die Nase wird die Luft angefeuchtet, erwärmt und gereinigt. Kleine Staubteilchen bleiben in den Nasenhaaren hängen. Über den Rachen gelangt die Luft in die Luftröhre. An der Spitze der Luftröhre sitzt der Kehlkopf, ohne den wir nicht sprechen und singen könnten. Neben der Luftröhre liegt die Speiseröhre. Der Kehldeckel legt sich beim Schlucken auf die Luftröhre, damit kein Speichel oder Essen in die Luftröhre gelangt.

Im Brustraum teilt sich die Luftröhre in zwei Bronchien auf. Bronchien sehen aus wie die Äste eines Baumes. Durch diese Äste strömt die Luft in die Lunge. Diese besteht aus zwei Lungenflügeln. Hier werden die Ästchen immer feiner. Am Ende der Bronchien befinden sich die Lungenbläschen. Diese nehmen Sauerstoff auf und geben Kohlenstoffdioxid ab.

Das Zwerchfell sitzt unter der Lunge und bewegt sich bei der Bauchatmung nach oben und unten. Bei der Brustatmung wird der Brustraum erweitert, weil sich die Muskeln zwischen den Rippen zusammenziehen.

2 **Erkläre, warum keine Nahrung in die Luftröhre gelangen kann, außer man verschluckt sich.**

Beim Schlucken wird die Luftröhre vom Kehldeckel verschlossen, sodass keine Nahrung in die Luftröhre gelangen kann.

3 **Schreibe die Aufgaben der Nase beim Atmen auf.**

Beim Atmen durch die Nase wird die Luft angefeuchtet, erwärmt und gereinigt. Kleine Staubteilchen bleiben in den Nasenhaaren hängen.

Der Weg der Atemluft III

1 **Fülle den Lückentext aus.**

Die Luft wird durch den Mund und die Nase eingeatmet. Über den Rachen gelangt die Luft in die Luftröhre. An der Spitze der Luftröhre sitzt der Kehlkopf, ohne den wir nicht sprechen und singen könnten. Neben der Luftröhre liegt die Speiseröhre. Der Kehldeckel legt sich beim Schlucken auf die Luftröhre, damit kein Speichel oder Essen in die Luftröhre gelangt. Im Brustraum teilt sich die Luftröhre in zwei Bronchien auf. Bronchien sehen aus wie die Äste eines Baumes. Durch diese Äste strömt die Luft in die Lunge. Diese besteht aus zwei Lungenflügeln. Hier werden die Ästchen immer feiner. Am Ende der Bronchien befinden sich die Lungenbläschen. Diese nehmen Sauerstoff auf und geben Kohlenstoffdioxid ab.

2 **Beschreibe die Abbildungen der Brustatmung und der Bauchatmung.**

Brustatmung

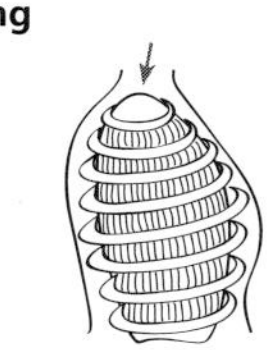

Die Person atmet ein. Der Brustraum erweitert sich, weil sich die Muskeln zwischen den Rippen zusammenziehen. Die Lunge füllt sich mit Luft.

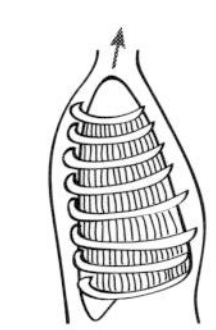

Die Person atmet aus. Der Brustraum verkleinert sich, weil sich die Muskeln zwischen den Rippen entspannen. Die Lunge entleert sich.

Bauchatmung

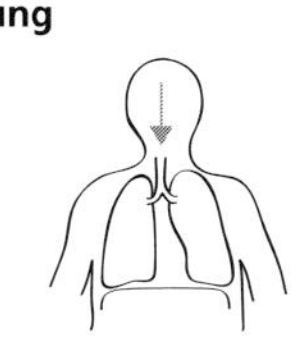

Die Person atmet ein. Das Zwerchfell senkt sich und die Lunge füllt sich mit Luft.

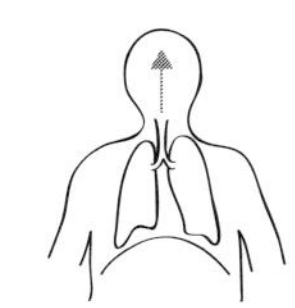

Die Person atmet aus. Das Zwerchfell hebt sich und die Lunge entleert sich.

Das Herz – Einstieg

Das Herz ist ein faustgroßer Hohlmuskel, der von der ersten bis zur letzten Minute unseres Lebens Blut pumpt. Es liegt unter den Rippen zwischen den Lungenflügeln. In der Minute schlägt das Herz ca. 70- bis 80-mal und hält so unser Blut in ständiger Bewegung. Das Herz ist von Herzkranzgefäßen umgeben, die es mit Sauerstoff und Nährstoffen versorgen. In einer Minute pumpt das Herz ca. 5 Liter Blut durch unseren Körper.

Das Herz besteht aus zwei Hälften, einer rechten und einer linken Herzhälfte. Jede Hälfte besteht aus einem Vorhof und einer Herzkammer. Die Herzklappen sind wie Ventile, die dafür sorgen, dass das Blut immer nur in eine Richtung fließt. Die linke Herzseite pumpt das Blut durch die Arterien zu allen Körperteilen, um diese mit Sauerstoff zu versorgen. Danach kehrt das sauerstoffarme Blut in den Venen zur rechten Herzseite zurück. Von hier wird es zur Lunge geleitet und wieder mit Sauerstoff angereichert. Von dort gelangt es wieder in die linke Herzkammer.

Das Herz arbeitet wie eine Pumpe. Dehnt sich der Herzmuskel aus, wird Blut in die Herzkammer gesaugt. Beim Zusammenziehen des Herzmuskels, wird das Blut aus den Kammern in die Arterien gedrückt. Diesen Druck kannst du am Handgelenk oder am Hals fühlen. Man nennt ihn Puls.

Zeichne mit Pfeilen ein, wie das Blut durch das Herz fließt.

Bau des Herzens

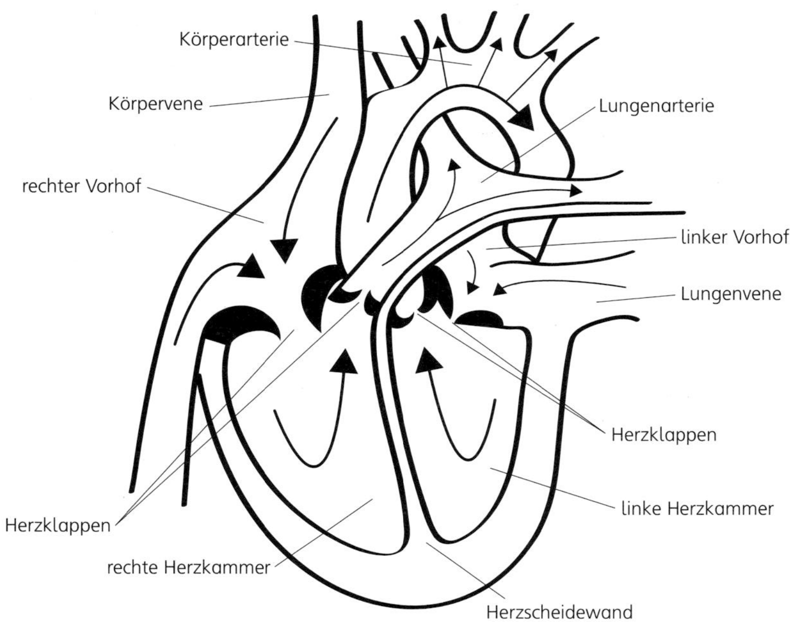

Das Herz I

1 **In dem Suchsel sind 12 Wörter versteckt. Finde sie und schreibe sie auf die Linien.**

U	N	K	G	E	R	C	H	Z	U	I	D	E	R	P	M	K	L	A	P	H
P	L	U	N	G	E	V	S	A	R	D	E	S	H	E	R	Z	P	M	U	E
C	H	G	V	E	T	W	A	C	H	U	O	I	O	N	E	R	T	B	V	R
S	C	H	R	U	Z	C	U	B	P	U	M	R	H	P	U	K	N	L	M	Z
C	P	U	M	P	E	R	E	W	R	T	V	E	L	N	R	A	W	U	C	K
H	G	E	R	T	A	S	R	E	V	N	U	G	M	T	G	R	P	T	M	L
G	U	N	E	P	U	L	S	F	T	U	N	O	U	M	E	T	C	H	U	A
P	L	K	M	U	I	R	T	E	Z	U	C	H	S	S	A	E	Z	T	R	P
N	H	U	I	K	L	V	O	R	H	O	F	M	K	V	U	R	D	Z	U	P
E	V	E	N	E	A	U	F	B	U	T	R	O	E	M	U	I	C	Z	R	E
G	U	R	C	E	D	T	F	B	U	F	F	U	L	N	H	E	V	R	Z	N
P	P	K	L	P	O	W	C	H	T	E	R	M	M	U	N	R	N	N	Z	U
O	V	H	E	R	Z	K	A	M	M	E	R	E	V	G	U	B	P	I	H	D

Herz	Blut	Herzkammer	Lunge
Hohlmuskel	Sauerstoff	Vorhof	Arterie
Pumpe	Puls	Herzklappen	Vene

2 **Der Weg des Blutes durch das Herz.**
Bringe die Sätze in die richtige Reihenfolge.

Von hier wird es zu der **Lunge** geleitet und wieder mit Sauerstoff aufgefüllt.	3
Von der **linken Herzseite** wird das Blut durch die Arterien in alle Körperteile gebracht, um sie mit Sauerstoff zu versorgen.	1
So schließt sich der Blutkreislauf.	5
Das verbrauchte Blut fließt dann durch die Venen wieder zur **rechten Herzseite** zurück.	2
Danach gelangt es wieder in die **linke Herzkammer**.	4

Das Herz II

1 **Beschreibe den Weg des Blutes durch das Herz mit eigenen Worten.**

Von der linken Herzseite wird das Blut durch die Arterien in alle Körperteile transportiert, um sie mit Sauerstoff zu versorgen. Das verbrauchte Blut fließt dann durch die Venen wieder zur rechten Herzseite zurück. Von hier wird es zur Lunge geleitet und wieder mit Sauerstoff angereichert. Danach gelangt es wieder in die linke Herzkammer. So schließt sich der Blutkreislauf.

2 a) **Nenne die Blutgefäße, die das Blut vom Herzen wegführen.**

Arterien

b) **Nenne die Blutgefäße, die das Blut zum Herzen hinführen.**

Venen

3 a) **Schreibe auf, an welchen Stellen sich die Herzklappen befinden.**

Die Herzklappen

- trennen den rechten Vorhof und die rechte Herzkammer voneinander ab.
- trennen den linken Vorhof und die linke Herzkammer voneinander ab.
- sitzen zwischen der rechten Herzkammer und der Lungenarterie.
- sitzen zwischen der linken Herzkammer und der Körperarterie.

b) **Nenne die Aufgabe der Herzklappen.**

Die Herzklappen wirken wie Ventile, die dafür sorgen, dass das Blut immer nur in eine Richtung fließt.

4 **Nenne die Literanzahl, die ein Herz etwa in einer Minute durch unseren Körper pumpt. Berechne, wie viele Liter das Herz an einem Tag durchlaufen.**

Das Herz pumpt pro Minute ca. 5 Liter durch den Körper.

In einer Stunde (60 Minuten): 5 Liter · 60 = 300 Liter.

An einem Tag (24 Stunden): 300 Liter · 24 = 7200 Liter.

Das Herz pumpt an einem Tag ca. 7200 Liter durch den Körper.

Das Herz III

1 **Beschreibe den Weg des Blutes durch das Herz mit eigenen Worten.**

Von der linken Herzseite wird das Blut durch die Arterien in alle Körperteile transportiert, um sie mit Sauerstoff zu versorgen. Das verbrauchte Blut fließt dann durch die Venen wieder zur rechten Herzseite zurück. Von hier wird es zur Lunge geleitet und wieder mit Sauerstoff angereichert. Danach gelangt es wieder in die linke Herzkammer. So schließt sich der Blutkreislauf.

2 **Erläutere die Zeichnungen und erkläre mit ihnen, wieso das Herz im Zweitakt arbeitet.**

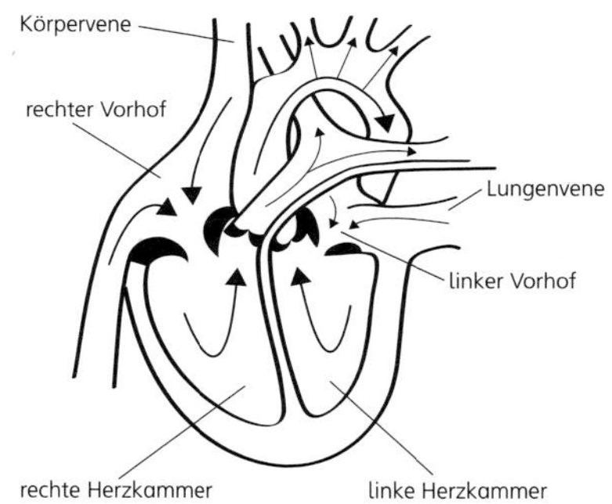

Das Herz ist entspannt und saugt sich mit Blut voll. Das Blut strömt von der Venen (Körpervene und Lungenvene) in die jeweiligen Vorhöfe und von dort durch die geöffneten Herzklappen in die Herzkammern.

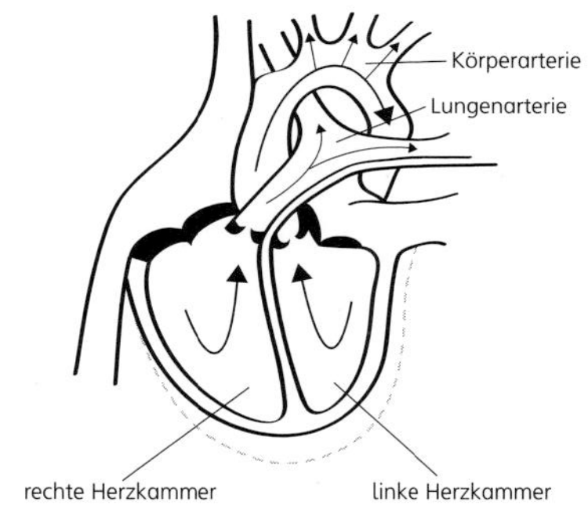

Das Herz zieht sich zusammen. Dabei pumpt es das Blut aus den Herzkammern über die geöffneten Herzklappen in die Arterien (Körperarterie und Lungenarterie).

Das Herz arbeitet im Zweitakt, das bedeutet, es arbeitet in zwei Abschnitten: es entspannt sich und zieht sich wieder zusammen, es entspannt sich und zieht sich wieder zusammen, usw.

Der Blutkreislauf – Einstieg

Das Blut versorgt den Körper mit Sauerstoff und Nährstoffen.
Das Herz pumpt das Blut in einem Kreislauf durch den Körper.

Das Blut wird im Körper durch Blutgefäße transportiert. Alle Blutgefäße, die zum Herzen hinführen, werden Venen genannt und alle die vom Herzen wegführen heißen Arterien.

Der Blutkreislauf teilt sich in zwei Kreisläufe auf, in den Lungenkreislauf und den Körperkreislauf.

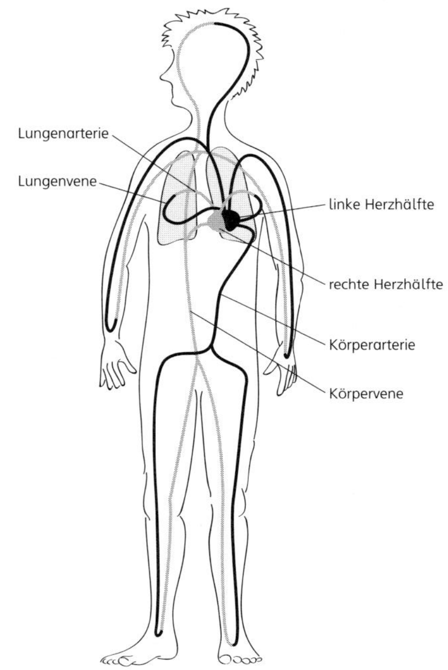

Der Lungenkreislauf

Das sauerstoffarme Blut fließt über die Körpervene in die rechte Herzhälfte.
Von dort wird es über die Lungenarterie in die Lunge gepumpt.
In der Lunge gibt das Blut Kohlenstoffdioxid ab und nimmt aus der eingeatmeten Luft Sauerstoff auf. Über die Lungenvene transportiert das Blut den Sauerstoff in die linke Herzhälfte.

Der Körperkreislauf

Das Herz pumpt das sauerstoffreiche Blut aus der linken Herzhälfte in die Körperarterie um die Organe, Beine, Arme und den Kopf mit Sauerstoff zu versorgen.
Die Organe verbrauchen den Sauerstoff und es entsteht Kohlenstoffdioxid.
Das sauerstoffarme Blut wird über die Körpervene zurück zur rechten Herzhälfte transportiert.

Sortiere die Begriffe aus dem Kasten danach, ob sie sauerstoffreiches oder sauerstoffarmes Blut transportieren.

Lungenvene – Lungenarterie – Körpervene – Körperarterie – rechte Herzhälfte – linke Herzhälfte

Sauerstoffreiches Blut transportieren:

Lungenvene, linke Herzhälfte und Körperarterie.

Sauerstoffarmes Blut transportieren:

Körpervene, rechte Herzhälfte und Lungenarterie.

Der Blutkreislauf I

1 **Fülle den Lückentext mit den Begriffen aus dem Kasten aus.**

Sauerstoffarmes – rechte – sauerstoffreiche – linke

Das sauerstoffarme Blut fließt über die Körpervene in die rechte Herzhälfte.
Von dort wird es über die Lungenarterie in die Lunge gepumpt. Sauerstoffarmes Blut wird durch eingeatmete Luft zu sauerstoffreichem Blut.
Über die Lungenvene wird das sauerstoffreiche Blut in die linke Herzhälfte gebracht. Von dort wird es über die Körperarterie in den Körper gepumpt, um Organe, Beine und Arme mit Sauerstoff zu versorgen.

2 **Beschrifte mit den Begriffen aus dem Kasten den Weg des Blutes durch den Körper.**

Lungenvene – Lungenarterie – Körpervene – Körperarterie

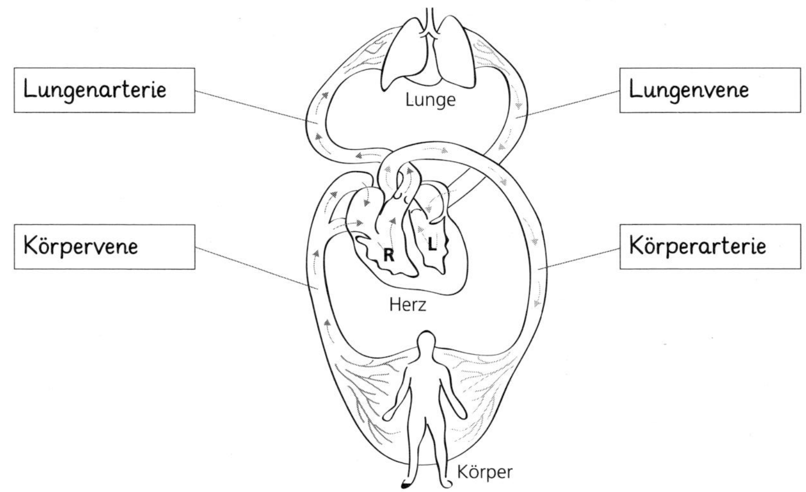

3 **a) Nenne die beiden Kreisläufe, die den Blutkreislauf bilden.**

Lungenkreislauf und Blutkreislauf.

b) Nenne das Organ, das auch Pumpe genannt wird.

Das Herz.

Der Blutkreislauf II

1 **Fülle den Lückentext mit den Begriffen aus dem Kasten aus.**

Lungenkreislauf – Körperkreislauf – linken – linke – rechte – rechten – Lungenarterie – Körpervene – Körpervene – Lungenvene – Kohlenstoffdioxid – Körperarterie – Sauerstoff

Der Blutkreislauf lässt sich in den Lungenkreislauf und Körperkreislauf unterteilen.

Der _Lungenkreislauf_

Die _Körpervene_ transportiert das sauerstoffarme Blut in die _rechte_ Herzhälfte. Über die _Lungenarterie_ wird es in die Lunge gepumpt. Dort gibt das Blut Kohlenstoffdioxid ab und nimmt _Sauerstoff_ aus der eingeatmeten Luft auf. Anschließend wird das sauerstoffreiche Blut über die _Lungenvene_ in die _linke_ Herzhälfte transportiert.

Der _Körperkreislauf_

Das sauerstoffreiche Blut pumpt das Herz aus der _linken_ Herzhälfte in die _Körperarterie_. Organe, Beine, Arme und Kopf werden so mit Sauerstoff versorgt. Diesen verbraucht der Körper und es entsteht _Kohlenstoffdioxid_. Die _Körpervene_ transportiert das sauerstoffarme Blut zurück zur _rechten_ Herzhälfte.

2 **Zeichne die Blutgefäße der Person wie folgt nach: das sauerstoffreiche Blut rot und das sauerstoffarme Blut blau. Beschrifte die Zeichnung anschließend mit den Begriffen aus den Kasten.**

Körpervene – linke Herzhälfte – rechte Herzhälfte – Körperarterie – Lungenarterie – Lungenvene

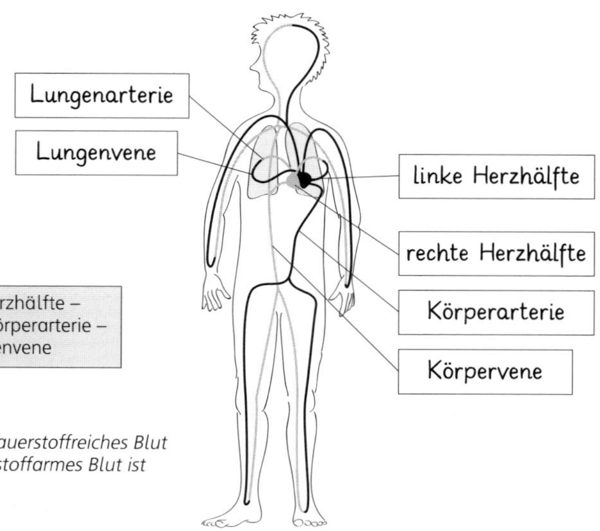

Hinweis zur Lösung: Sauerstoffreiches Blut ist schwarz und sauerstoffarmes Blut ist hellgrau dargestellt.

Der Blutkreislauf III

1 **Fülle den Lückentext aus.**

Der Blutkreislauf lässt sich in den Lungenkreislauf und Körperkreislauf unterteilen.

Der _Lungenkreislauf_

Die _Körpervene_ transportiert das sauerstoffarme Blut in die _rechte_ Herzhälfte. Über die _Lungenarterie_ wird es in die Lunge gepumpt. Dort gibt das Blut Kohlenstoffdioxid ab und nimmt _Sauerstoff_ aus der eingeatmeten Luft auf. Anschließend wird das sauerstoffreiche Blut über die _Lungenvene_ in die _linke_ Herzhälfte transportiert.

Der _Körperkreislauf_

Das sauerstoffreiche Blut pumpt das Herz aus der _linken_ Herzhälfte in die _Körperarterie_. Organe, Beine, Arme und Kopf werden so mit Sauerstoff versorgt. Diesen verbraucht der Körper und es entsteht _Kohlenstoffdioxid_. Die _Körpervene_ transportiert das sauerstoffarme Blut zurück zur _rechten_ Herzhälfte.

2 **Zeichne die Blutgefäße der Person wie folgt nach: das sauerstoffreiche Blut rot und das sauerstoffarme Blut blau. Beschrifte die Zeichnung anschließend mit den Begriffen aus den Kasten.**

Körpervene – linke Herzhälfte – rechte Herzhälfte – Körperarterie – Lungenarterie – Lungenvene

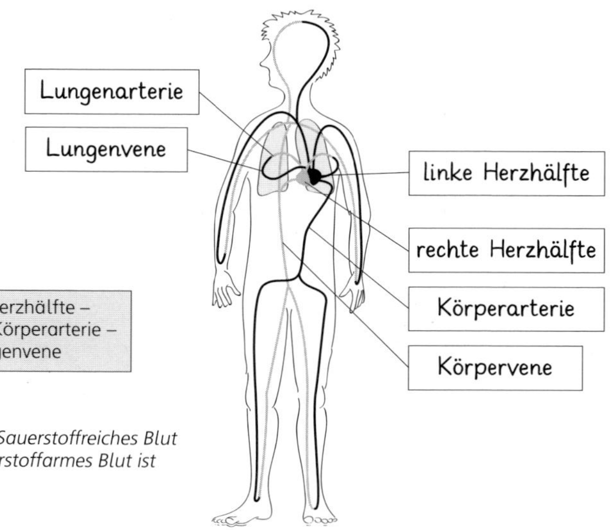

Hinweis zur Lösung: Sauerstoffreiches Blut ist schwarz und sauerstoffarmes Blut ist hellgrau dargestellt.

Aufbau einer Blütenpflanze – Einstieg

Beschrifte den Bauplan einer Blütenpflanze mit den Begriffen aus dem Kasten.

Seitenspross – Knospe – Blüte – Hauptwurzel – Sprossachse – Seitenwurzel – Blatt – Spross – Wurzel

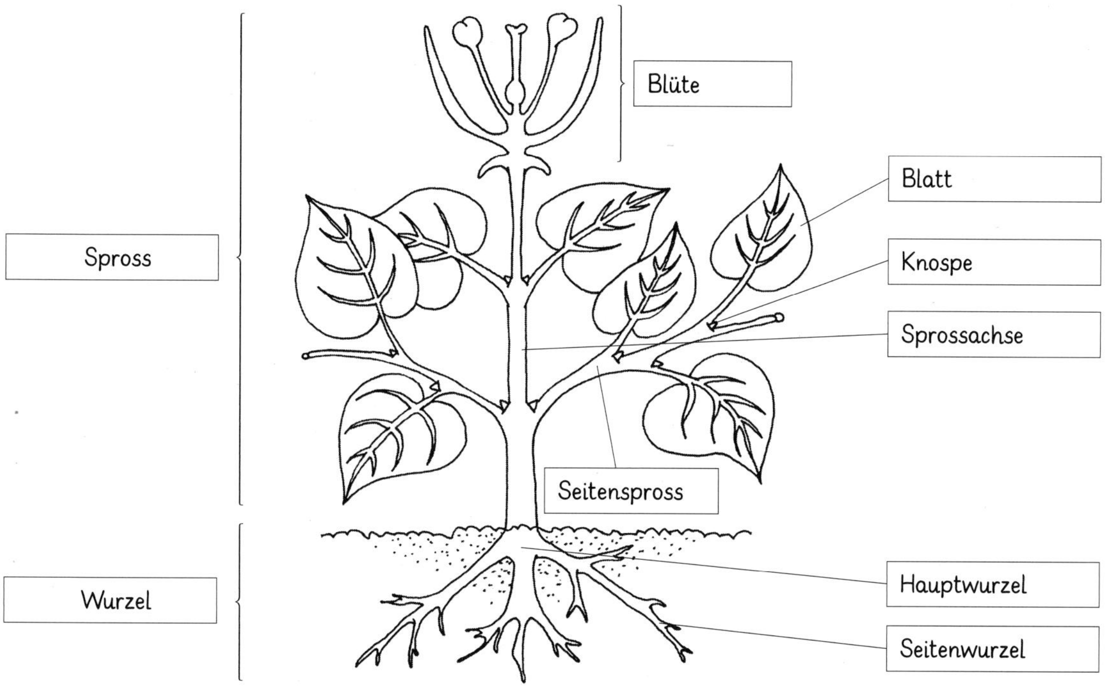

33

Aufbau einer Blütenpflanze I

1 **Ergänze den Lückentext.**

Hauptwurzel – Seitenwurzeln – Wurzel – Seitensprosse – Knospen – Sprossachse – Blätter – Blüten – Spross

Alle Blütenpflanzen gleichen sich in ihrem Grundaufbau. Sie bestehen unter der Erde aus einer Wurzel. Diese setzt sich aus der dickeren Hauptwurzel und den etwas dünneren Seitenwurzeln zusammen. Die oberirdischen Pflanzenteile werden in ihrer Gesamtheit als Spross bezeichnet. Die Sprossachse leitet das Wasser von den Wurzeln in die Blätter. Von ihr gehen die Seitensprosse ab. An ihnen wachsen die Blätter. In den Blattachsen befinden sich die Knospen. Aus diesen können Seitensprosse oder Blüten entstehen.

2 **Nenne mindestens eine Aufgabe der Wurzeln.**

Die Wurzeln halten die Blütenpflanze im Boden fest.
Die Wurzeln nehmen Wasser und Mineralstoffe auf und geben sie an die Pflanze weiter.

3 **Male die Teile der Blütenpflanze folgendermaßen aus:**

Hauptwurzel und Seitenwurzel: braun
Sprossachse: grün
Seitenspross: blau
Blätter: gelb
Knospen: orange

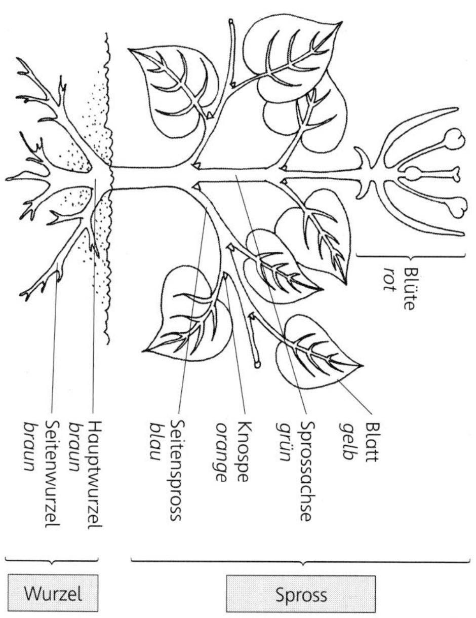

34

Aufbau einer Blütenpflanze II

1 **Ergänze den Lückentext mit den Begriffen von der Einstieg.**

Alle Blütenpflanzen gleichen sich in ihrem Grundaufbau. Sie bestehen unter der Erde aus einer Wurzel. Diese setzt sich aus der dickeren Hauptwurzel und den etwas dünneren Seitenwurzeln zusammen. Die oberirdischen Pflanzenteile werden in ihrer Gesamtheit als Spross bezeichnet. Die Sprossachse leitet das Wasser von den Wurzeln in die Blätter. Von ihr gehen die Seitensprosse ab. An ihnen wachsen die Blätter. In den Blattachsen befinden sich die Knospen. Aus diesen können Seitensprosse oder Blüten entstehen.

2 **Verbinde die Blütenpflanzenbestandteile mit ihren jeweiligen Aufgaben.**

Blütenpflanzenbestandteil	Aufgabe
Blüte	Lockt durch ihren Duft Insekten an und dient somit der Fortpflanzung.
Spross	Leitet Wasser und gelöste Mineralstoffe zu den Blättern und gibt der Pflanze Halt.
Blatt	Bildet mit Hilfe des Sonnenlichtes Energie für die Pflanze.
Wurzel	Verankerung im Boden und Aufnahme von Wasser und gelösten Mineralstoffen.

3 **Male die Teile der Blütenpflanze folgendermaßen aus:**

Hauptwurzel und Seitenwurzel: braun
Sprossachse: grün
Seitenspross: blau
Blätter: gelb
Knospen: orange
Blüte: rot

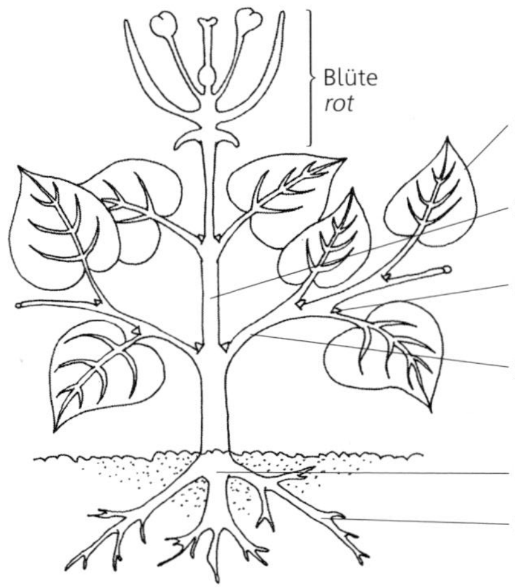

Aufbau einer Blütenpflanze III

1 **Beschreibe mithilfe der Einstieg den Aufbau einer Blütenpflanze.**

Die Blütenpflanze lässt sich in zwei Abschnitte einteilen: in den **Spross** und die **Wurzel**.
Oberhalb der Erde und die somit sichtbaren Pflanzenteile werden als Gesamtheit als **Spross** bezeichnet.
Der Spross besteht aus der **Sprossachse**. Von ihr gehen die **Seitensprosse** ab. An den Seitensprossen wachsen die **Blätter**. In den Blattachsen befinden sich die **Knospen**. Aus den Knospen entstehen Seitensprosse oder, wie auf dem Bild zu sehen, **Blüten**.
In der Erde und die somit nicht sichtbaren Pflanzenteile werden als Gesamtheit als **Wurzel** bezeichnet.
Zu ihr gehören die dickere **Hauptwurzel** und die etwas dünneren **Seitenwurzeln**.

Hinweis: Lösung ist individuell, aber die fett gedruckten Wörter sollten enthalten sein.

2 **Verbinde die Blütenpflanzenbestandteile mit ihren jeweiligen Aufgaben.**

Blütenpflanzenbestandteil	Aufgabe
Blüte	Dient der Fortpflanzung. / Lockt durch ihren Duft Insekten an.
Spross	Gibt der Pflanze Stabilität. / Leitet Wasser und gelöste Mineralstoffe zu den Blättern.
Blatt	Bildet mit Hilfe des Sonnenlichtes Energie für die Pflanze.
Wurzel	Aufnahme von Wasser und gelösten Mineralstoffen. / Verankerung im Boden.

Von der Blüte zur Frucht – Einstieg

1 **Male die vier Zeichnungen folgendermaßen an:**

Stiel, Blütenboden, Kelchblätter: grün
Kronblätter: rosa
Staubfäden, Staubbeutel: blau
Samenanlage mit befruchteter Eizelle und Samen: grau
Fruchtknoten, Griffel, Narbe und Fruchtfleisch: rot

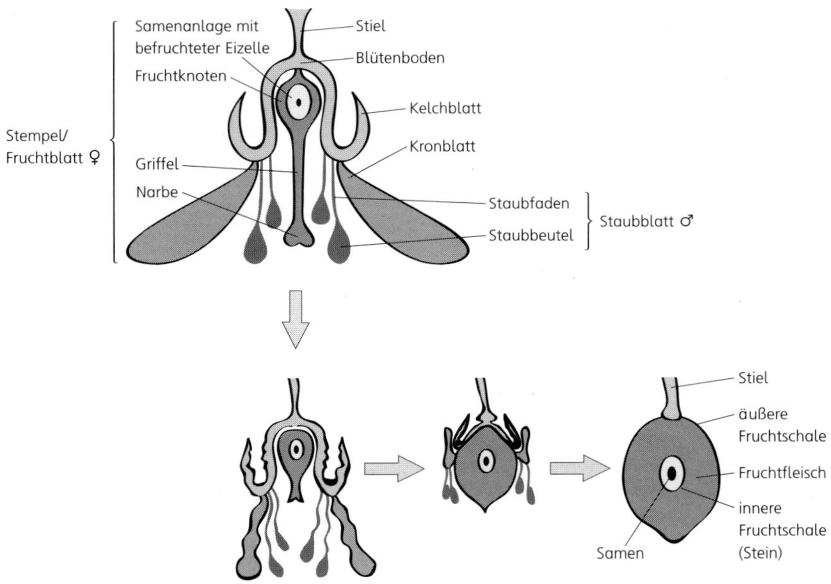

2 **Nenne die Frucht, die sich aus der Blüte entwickelt hat.**

Aus der Blüte entwickelt sich eine Kirsche.

Von der Blüte zur Frucht I

1 **Beschrifte die Abbildung mit den passenden Begriffen. Die Einstieg hilft dir dabei.**

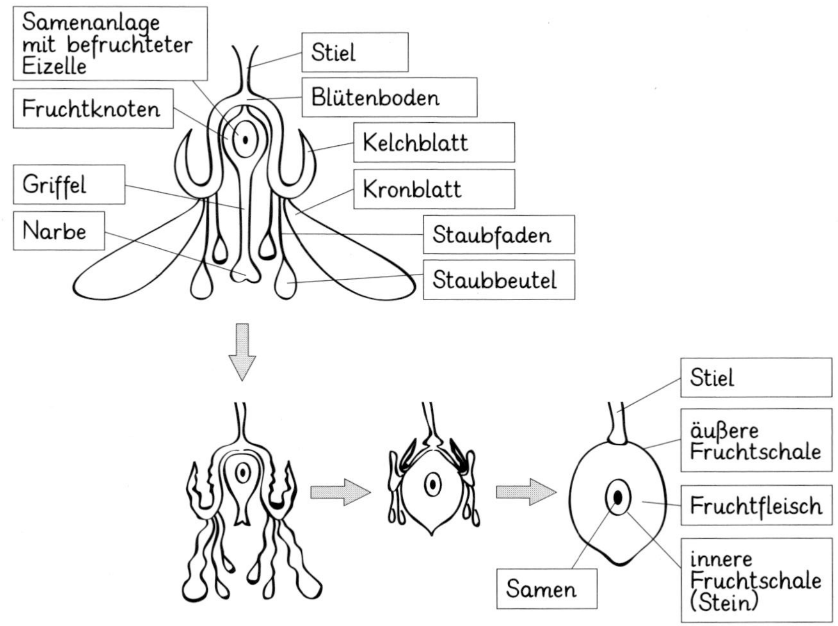

2 **Kreuze an, ob die Aussagen richtig oder falsch sind.**

Aussage	richtig	falsch
Der Stiel ist mit dem Blütenboden verbunden.	X	
Staubfaden und Staubbeutel gehören zu den männlichen Blütenteilen.	X	
Ein anderes Wort für Kronblatt ist Kelchblatt.		X
Fruchtknoten, Griffel und Narbe zählen zu den weiblichen Blütenteilen.	X	
Ein anderes Wort für Stempel ist Fruchtblatt.	X	
Aus dem Fruchtknoten entwickelt sich der Samen.		X
Kronblätter, Staubblätter und Kelchblätter fallen im Laufe der Zeit ab, wenn sich die Blüte zur Frucht entwickelt.	X	
Aus einer Kirschblüte kann sich auch ein Apfel entwickeln.		X
Im Kirschkern (Stein) befindet sich der Samen.	X	

Von der Blüte zur Frucht II

1 Beschrifte die Abbildung mit den passenden Begriffen. Die Einstieg hilft dir dabei.

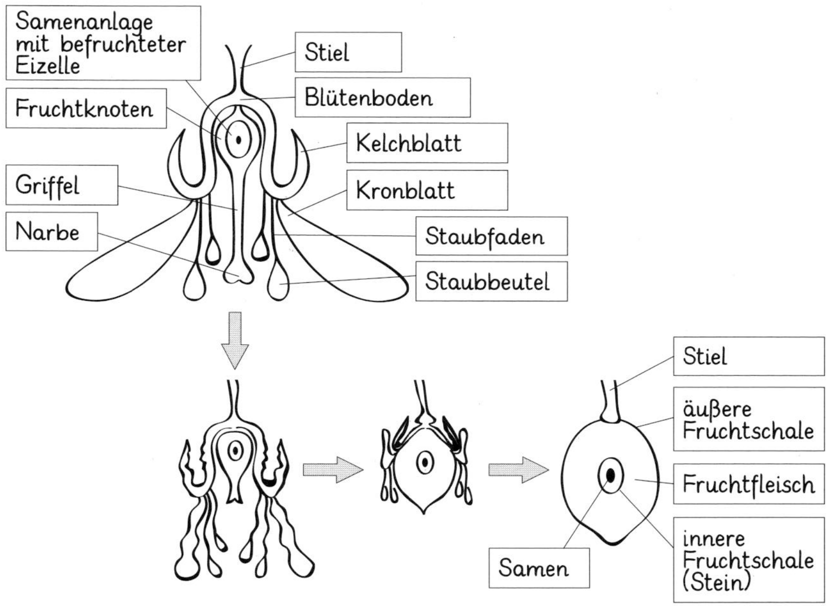

2 Fülle den Lückentext aus.

Fruchtfleisch – Narbe – Befruchtung – Stein – Kirschbaum – äußeren Fruchtschale – Kronblätter – Staubblätter – Staubfaden – Griffel – verdickt – Fruchtknoten – Samen – inneren Fruchtschale – Staubbeutel

Die Blüte verändert sich nach der Befruchtung. Die Kronblätter welken und fallen ab. Die Staubblätter, die aus Staubfaden und Staubbeutel bestehen, bilden sich zurück. Die Narbe und der Griffel vertrocknen und der Fruchtknoten verdickt sich. Der Fruchtknoten mit dem Samen wird immer größer. Aus diesem entwickelt sich die Frucht mit der äußeren Fruchtschale, dem saftigen Fruchtfleisch und der inneren Fruchtschale, dem Stein. In dem Stein befindet sich der Samen, aus dem sich ein Kirschbaum entwickeln kann.

Von der Blüte zur Frucht III

1 Erkläre in eigenen Worten und unter Verwendung der Fachbegriffe, wie sich aus einer Blütenpflanze eine Frucht entwickelt.

Individuell, jedoch sollten die fettgedruckten Wörter im Text vorkommen.

Die Blüte verändert sich nach der Befruchtung.
Die **Kronblätter** welken, werden braun und fallen ab.
Die **Staubblätter**, die aus **Staubfaden** und **Staubbeutel** bestehen, bilden sich zurück.
Die **Narbe** und der **Griffel**, die zum Fruchtblatt gehören, vertrocknen und der Fruchtknoten verdickt sich.
Der **Fruchtknoten**, mit dem enthaltenen **Samen**, wird immer größer und dicker.
Aus dem Fruchtknoten entwickelt sich die Frucht mit der **äußeren Fruchtschale**, dem saftigen **Fruchtfleisch** und der **inneren Fruchtschale**, dem sogenannten **Stein**.
In dem Stein befindet sich der Samen aus dem sich, unter bestimmten Voraussetzungen, wieder ein Kirschbaum entwickeln kann.

2 Nenne die weiblichen und männlichen Blütenbestandteile.

♀ Die weiblichen Blütenbestandteile sind Fruchtknoten (**Samenanlage mit befruchteter Eizelle**), **Griffel** und **Narbe**. Sie zählen zum **Fruchtblatt**, der auch **Stempel** genannt wird.

♂ Die männlichen Blütenbestandteile sind **Staubfaden** und **Staubbeutel**. Sie zählen zu dem **Staubblatt**.

3 a) Nenne die Bestandteile der Frucht, die wir essen.

Fruchtfleisch und äußere Fruchtschale.

b) Nenne die Bestandteile der Frucht, die wir NICHT essen.

Stiel, innere Fruchtschale (Stein) und Samen.

Wechselbeziehungen zwischen Blüten und Insekten – Einstieg

Im Frühling und Sommer locken viele Blüten mit auffälligen Farben ihrer Kronblätter Insekten, wie Hummeln, Bienen und Schmetterlinge, an.

Im Blüteninneren befindet sich am Blütenboden ein süßer Saft, der Nektar. Dieser ist die Nahrung für die Insekten.

Während sie den Nektar aus der Blüte saugen, streifen sie mit ihrem Körper die Pollen ab, die sich in den Staubbeuteln befinden. Sie befindet sich nun im Haarpelz der Insekten.
Die Insekten fliegen danach zu einer anderen Blüte und saugen auch aus dieser den Nektar. Nun passiert es: Die am Haarpelz anhaftenden Pollen gelangen auf die klebrige Narbe des Stempels. Dieser Vorgang wird Bestäubung genannt.

Wenn ein Insekt entdeckt hat, dass sich zum Beispiel in einer Rapsblüte Nektar befindet, fliegt es zukünftig nur Rapsblüten an. Es fliegt zwischendurch nicht noch zu anderen Blüten, sondern bestäubt ausschließlich den Raps.
Diese Vorliebe für eine bestimmte Blütenart nennt man Blütenstetigkeit. Dadurch wird erreicht, dass Rapsblüten immer nur durch Rapspollen bestäubt werden. Dies ist von großer Bedeutung, da keine Früchte entstehen wenn zwei unterschiedliche Arten miteinander bestäubt werden.

Ordne den Bildern die passende Beschreibung zu, indem du sie miteinander verbindest.

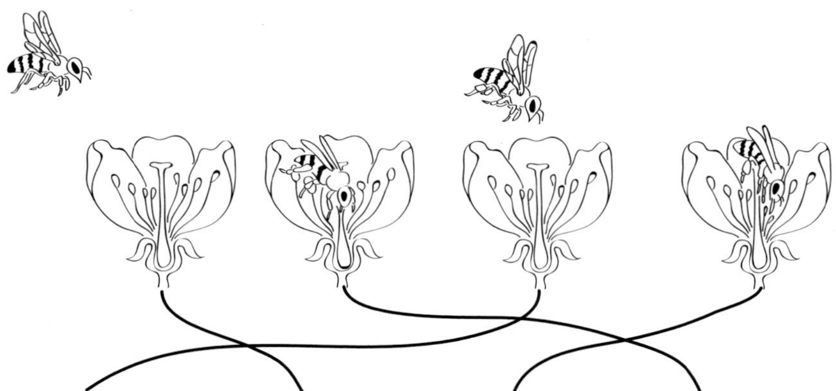

Die Biene fliegt mit den Pollen am Haarpelz zur nächsten Blüte.	Die Biene wird von der Farbe der Kronblätter und vom Duft des Nektars angelockt.	Die Biene trinkt den Nektar der Blüte. Dabei gelangen die Pollen der anderen Blüte von ihrem Haarpelz auf die klebrige Narbe dieser Blüte. Die Blüte ist nun bestäubt.	Die Biene trinkt den Nektar und nimmt dabei die Pollen in ihrem Haarpelz auf.

Wechselbeziehungen zwischen Blüten und Insekten I

1 **Schreibe auf, was unter der Bestäubung zu verstehen ist.**

Bestäubung ist die Übertragung der Pollen vom Staubbeutel (männlich) auf die klebrige Narbe des Stempels (weiblich).

2 **Erkläre den Begriff Blütenstetigkeit.**

Hat ein Insekt entdeckt, dass sich in einer Blüte Nektar befindet, fliegt es in Zukunft immer diese Blütenart an. Diese Vorliebe zu einer bestimmten Blütenart nennt man Blütenstetigkeit.

3 **Lies die Aussagen und kreuze an, ob sie richtig oder falsch sind.**
Die angekreuzten Buchstaben ergeben ein Lösungswort

Aussage	richtig	falsch
Im Winter blühen viele Blumen.	F	B ✗
Insekten werden durch die auffällige Farbe der Kelchblätter angelockt.	L	I ✗
Am Blütenboden befindet sich ein süßer Saft, der Nektar genannt wird.	E ✗	U
Während die Insekten den Nektar trinken, gelangen Pollen in ihr Haarpelz.	N ✗	P
Die Pollen kommen von den Staubbeuteln der Blüte.	E ✗	S
Auch aus nicht bestäubten Blüten kann sich eine Frucht entwickeln.	G	N ✗

Das Lösungswort lautet: Bienen

Wechselbeziehungen zwischen Blüten und Insekten II

1 **Schreibe auf, was unter der Bestäubung zu verstehen ist.**

Unter Bestäubung versteht man, wenn der Pollen des Staubbeutels (männlich) auf die klebrige Narbe des Stempels (weiblich) übertragen wird.

2 **Erkläre den Begriff Blütenstetigkeit.**

Hat ein Insekt entdeckt, dass sich in einer Blüte Nektar befindet, fliegt es in Zukunft immer diese Blütenart an. Diese Vorliebe zu einer bestimmten Blütenart nennt man Blütenstetigkeit.

3 **Schreibe auf, warum die Blütenstetigkeit von großer Bedeutung für die Pflanzen ist.**

Sie ist von großer Bedeutung, da keine Früchte entstehen, wenn zwei unterschiedliche Arten miteinander bestäubt werden.

4 **Insekten und Blüten stehen in einer Wechselbeziehung zueinander. Erkläre, warum sie sich gegenseitig brauchen.**

Die Insekten brauchen den Nektar der Blüten als Nahrung. Im Gegensatz dazu brauchen die Pflanzen die Insekten, damit sie die Pollen auf die klebrigen Narben der anderen Blüten verteilen und somit die Blüten bestäuben. Denn nur aus einer bestäubten Blüte entsteht eine Frucht.

5 **Erkläre, warum Bienen wichtige Nutztiere für uns Menschen sind.**

Die Bienen bestäuben viele verschiedene Blüten, aus denen anschließend Früchte wachsen, die wir Menschen essen. Fast die gesamte Obst- und Gemüseabteilung im Supermarkt zeigt uns, wie wichtig die Arbeit dieser Tiere für uns Menschen ist.

Gäbe es keine Bienen mehr, müssten die Menschen die Blüten von Hand bestäuben (was sehr mühselig ist) oder wir müssten auf den Großteil unserer Lebensmittel verzichten. Wissenschaftler sagen sogar, dass dann ein Leben für uns Menschen auf der Erde nicht mehr möglich sei, da wir keine Nahrungsmittel mehr hätten.

Wechselbeziehungen zwischen Blüten und Insekten III

1 **Schreibe auf, was unter der Bestäubung zu verstehen ist.**

Unter Bestäubung versteht man, wenn der Pollen des Staubbeutels (männlich) auf die klebrige Narbe des Stempels (weiblich) übertragen wird.

2 **Erkläre den Begriff Blütenstetigkeit und schreibe ihre Bedeutung für die Pflanzen auf.**

Hat ein Insekt entdeckt, dass sich in einer Blüte Nektar befindet, fliegt es in Zukunft immer diese Blütenart an. Diese Vorliebe zu einer bestimmten Blütenart nennt man Blütenstetigkeit.

3 **Erkläre, warum Insekten und Blüten in einer Wechselbeziehung zueinander stehen.**

Die Insekten brauchen den Nektar der Blüten als Nahrung. Im Gegensatz dazu brauchen die Pflanzen die Insekten, damit sie die Pollen auf die klebrigen Narben der anderen Blüten verteilen und somit die Blüten bestäuben. Denn nur aus einer bestäubten Blüte entsteht eine Frucht.

4 **a) Nenne drei Honigsorten.**

Individuell, z. B.: Rapshonig, Waldhonig, Kastanienhonig

b) Begründe, warum ein Imker unterschiedliche Honigsorten anbieten kann.

Bienen sammeln Nektar um daraus Honig herzustellen. Je nach Blütezeit der jeweiligen Pflanzen und der damit verbundenen Blütenstetigkeit, fliegen die Bienen für eine bestimmte Zeit ausschließlich eine Art von Blüten an. Der Imker weiß dies und kann am Ende der Blütezeit der jeweiligen Pflanze den Honig aus dem Bienenstock herausnehmen und verkaufen.